Rüdiger Maas

Was hat Bill Gates mit Corona zu tun?

Rüdiger Maas

Was hat Bill Gates mit Corona zu tun?

Ein Buch über die
Entstehung von
Verschwörungstheorien
und den Umgang mit ihnen

inklusive Auszügen aus den Corona-Studien des
©Instituts für Generationenforschung

BoD

1. Auflage
© 2020 Rüdiger Maas
Korrektorat: Text+Design, Jutta Cram
Comics: Paul Rietzl
Grafik-Zeichner: Rami Nasif
Gestaltung: GrafikDesign, Brigitte Kramer
Umschlaggestaltung: GrafikDesign, Brigitte Kramer
Weitere Mitwirkende: Institut für Generationenforschung
Herstellung und Verlag: BoD – Books on Demand, Norderstedt
ISBN: 978-3-7519-6806-5
www.bod.de

Der richtige Umgang mit der falschen Theorie

Weitsicht vs. Sichtweite

Zweifel vs. Hoffnung

Hoffnung vs. Glaube

Durchblick vs. Durchdrehen

Krankheit vs. Unversehrtheit

Alt vs. Jung

Leitmedien vs. soziale Medien

Vernunft vs. Vernunftspanik

Wissenschaft vs. „Wissenschaft"

Theorie vs. Theorien

Theorie vs. Verschwörungstheorie

Marie vs. Hannah

Inhaltsverzeichnis

99

[...] jede Idee, sei sie auch noch so voll von Fehlern,
hat einen zukunftsträchtigen Gehalt,
der unter neuen Umständen die Forschung
vorantreiben kann.

(Feyerabend 2016, S. 64)

MARIE

HANNAH

VERTRAUT DER
WISSENSCHAFT

GLAUBT AN
VERSCHWÖRUNGS-
MYTHEN

9

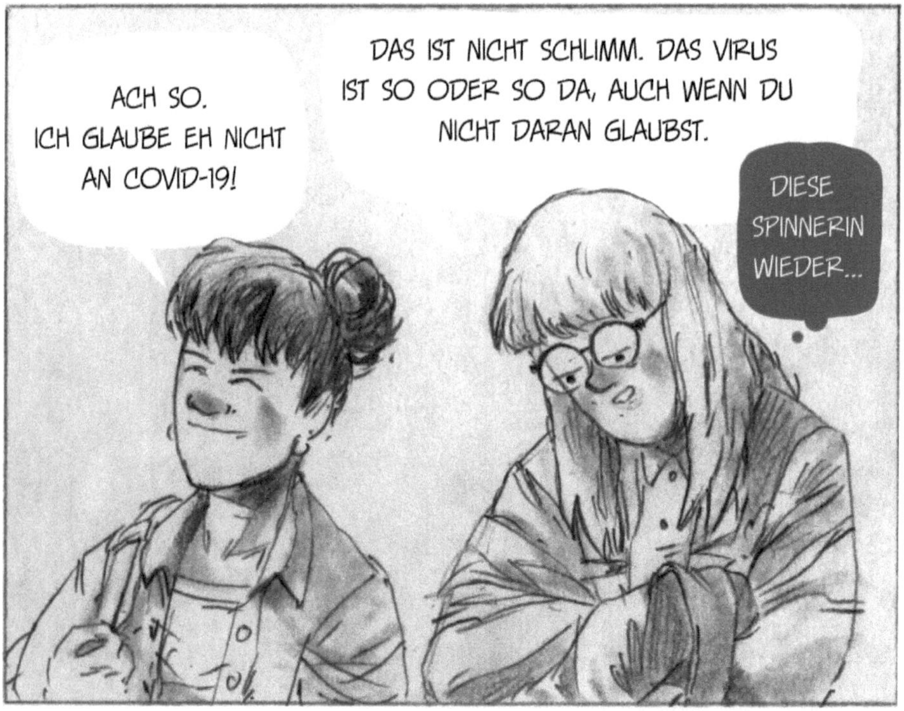

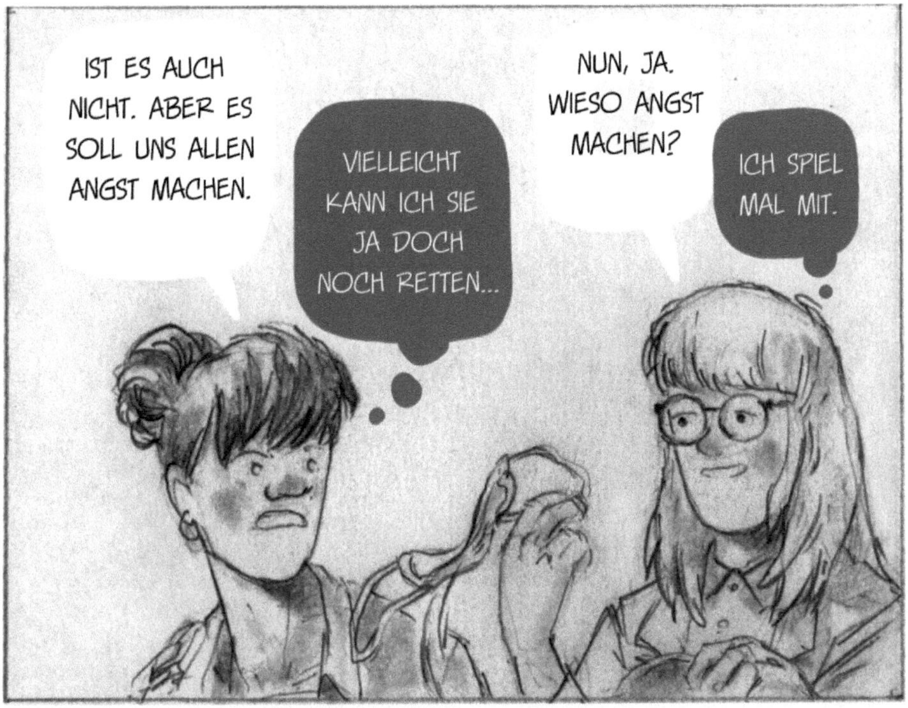

11

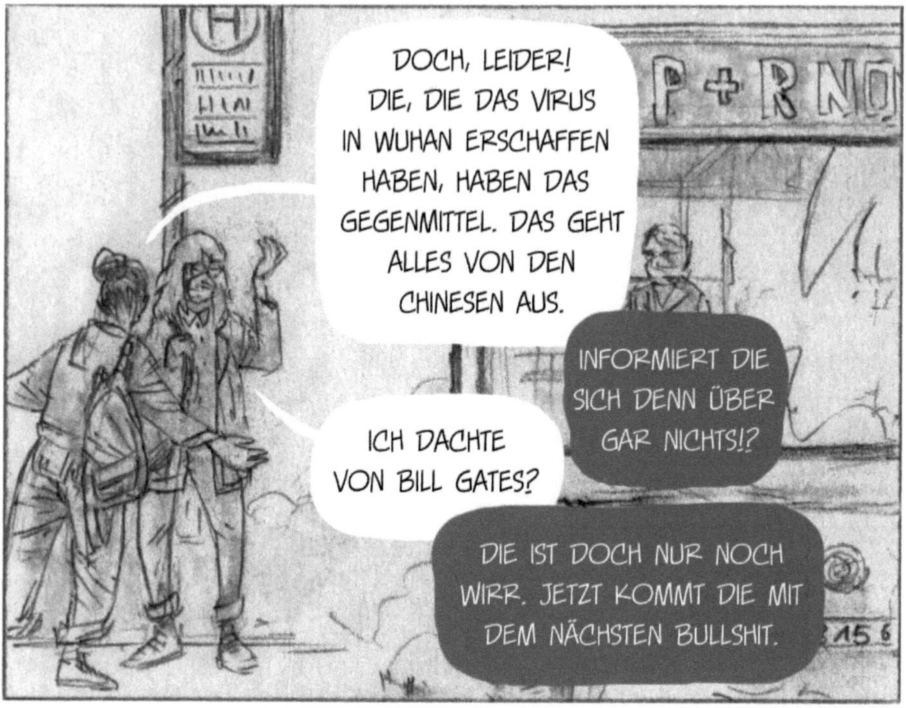

14

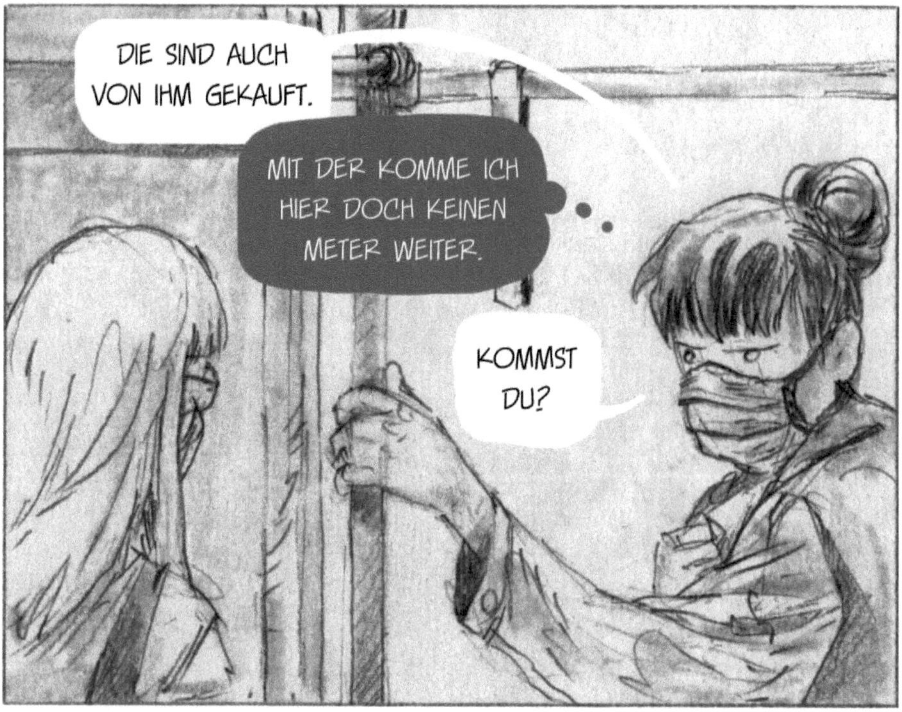

NEIN.
BEVOR ICH SIE JETZT SCHLAGE, FAHRE ICH LIEBER MIT DEM NÄCHSTEN BUS.

SIE IST EINFACH ZU NAIV UND LEICHTGLÄUBIG, UM DAS ALLES ZU BEGREIFEN.
PAUL DIETZL

Anmerkung zu Beginn

Das Begriffsfeld der „Verschwörungstheorie" wird im vorliegenden Buch bewusst nicht verwendet, da es sich im originären Sinne bei dem Begriff „Verschwörungstheorie" nicht um eine Theorie, sondern vielmehr um Erzählungen, Mythen, Glaube und Ansichten handelt. Theorien können nämlich nicht nur wissenschaftlich belegt, sondern auch wissenschaftlich widerlegt werden.

Bevorzugt wird deshalb im Folgenden von Verschwörungsmythen gesprochen. Menschen, die diese Geschichten verbreiten, werden als „Verschwörungserzähler*innen" bezeichnet. Hannah ist im vorliegenden Buch so jemand. Menschen, die diesen Geschichten Wahrheit beimessen und an diese Geschichten glauben, werden „Verschwörungsgläubige" genannt.

Nur was ist eigentlich die Wahrheit? Was ist Wissenschaft? Und wer versteht sie richtig? Versteht Marie wirklich die komplexe Wissenschaft hinter der Corona-Pandemie? Warum sollte man denn den Aussagen der gängigen Institute unhinterfragt Glauben schenken?

Sie werden bei der Lektüre des vorliegenden Buches erfahren, wieso Menschen sich alternativer Geschichten bedienen und wie man diesen in idealer Weise begegnet. Sie werden erfahren, wie „Verschwörungsmythen" überhaupt entstehen und warum sie für viele Menschen eine so starke Anziehungskraft haben. Sie werden aber auch erfahren, dass sich beide Seiten – die Verschwörungserzählerin Hannah wie auch die „Vertreterin" der Wissenschaft Marie – jeweils in ihrer eigenen Filterblase bewegen.

Das Institut für Generationenforschung hatte seit Anbeginn der Corona-Krise 2020 wöchentlich bundesweit repräsentative Umfragen durchgeführt, um diesen Phänomenen wissenschaftlich zu begegnen und dies mit Daten zu belegen. Diese Datengrundlage wurde für die Erstellung dieses Buches verwendet. Es handelt sich somit um ein Sachbuch mit Fachbuch-Charakter.

1. Die Macht des eigenen Glaubens

In den 1950er-Jahren, also weit vor Hannahs und Maries Dialog, lebte in Chicago eine Hausfrau namens Dorothy Martin, auch bekannt als Marian Keech, ihr Künstlername als Medium. Marian erhielt regelmäßig Nachrichten von jemandem namens Sananda; diese Sananda lebte auf dem Planeten Clarion.

Bevor sie diese Nachrichten erhielt, war Dorothy Martin ein Teil der Scientology-Church-Bewegung. Sie kannte sogar Lafayette Ronald Hubbard, den Gründer der Scientology Church, persönlich. Aber sie blieb nur so lange bei der Scientology Church, bis sie selbst als Empfängerin von Nachrichten in Erscheinung trat: Nachrichten aus einer anderen Galaxie. Wie ist denn das passiert? Warum eigentlich? Und weshalb nur sie?

Egal! Sie erhielt diese Nachrichten, dies muss als Fakt genügen, ähnlich wie wenn sich heute Corona-Promis zehn Jahre mit etwas „beschäftigt" haben, indem sie „Fakten" googeln. Marian war von Sananda und dem Planeten Clarion überzeugt – und eine beachtliche Menge anderer Menschen ebenfalls. Und so schaffte es Marian, eine ganze Anhängerschaft um sich zu versammeln, die ihr Glauben schenkte, ohne dass sie je einen Beweis für ihre Aussagen geliefert hätte. Diese Menschen gaben ihren Job, teilweise ihre Familie, Freunde und Wohnungen auf und folgten ihr, egal wohin. Denn für sie war Marian mehr als ein Medium, sie hätte schließlich die Retterin der Erde sein können! Denn neben den zahlreichen Nachrichten empfing sie nun auch Prophezeiungen über das Ende der Welt – alles direkt vom Planeten Clarion, lange vor 5G oder Internet.

Eine Hauptprophezeiung besagte schließlich, dass eine gewaltige Naturkatastrophe die Menschheit auslöschen würde. Nur gläubige Menschen, also jene, die an Marian und Sananda glaubten, würden es schaffen, mithilfe von Ufos gerettet zu werden – zusammengefasst also all jene, die sich direkt um Marian geschart hatten und dadurch Mitglieder ihrer Sekte waren. Marian konnte nun auch den größten Skeptiker und die größte Skeptikerin davon überzeugen, da sie ein genaues Datum angeben konnte, und das lag in naher Zukunft: Es war der 21. Dezember 1954!

Was war zu tun? Wie konnte man dieser Katastrophe entgehen? Wie die Liebsten retten? Leider hatten die Ufos nur eine begrenzte Kapazität und hätten nur die Gläubigsten unter ihnen mitnehmen können. Es entstand ein Wettkampf, denn der Tag des Jüngsten Gerichts war nicht mehr weit.

Nun war es endlich so weit: Aus Sicht der Anhänger*innen schienen die Vögel zu verstummen, der Boden unter den Füßen fühlte sich seltsam an, das Essen schmeckte nach Pappe und ein seltsamer Geruch lag in der Luft. Auch das Fernsehen berichtete nur unnötige Dinge und das Radio spielte belanglose Musik. Der Tod schien zum Greifen nahe. Es fühlte sich tatsächlich an, als ob die Welt mit all dem Leben, all den Menschen, all den Geschichten und den großen Errungenschaften nun endgültig untergehen sollte. Alles vorbei, alles umsonst.

Und es geschah – richtig – nichts! Absolut gar nichts!

Der Sozialpsychologe Leon Festinger und sein Team aus Psycholog*innen „schmuggelten" sich als kleine Gruppe in diese skurrile Sekte ein und mimten die gläubigen Alien-Fans. Sie wurden von den Sektenmitgliedern als ihresgleichen wahrgenommen. Gute Schauspieler*innen und gute Psycholog*innen eben. Sie wollten untersuchen, wie die Sektenmitglieder mit der „Aufklärung" umgingen, also in diesem Falle damit, dass sich die Prophezeiung des Weltunterganges nicht bewahrheiten würde. Löste sich nun alles in Wohlgefallen auf? Hatte Marian gelogen und es gab keine Sananda und auch keinen Planeten namens Clarion? War die Übersetzung falsch und auf Clarion sprach man gar kein Englisch? Oder meinten sie gar nicht die Erde?

Objektiv betrachtet hatte Marian, die von ihrer Prophezeiung absolut überzeugt war, die Unwahrheit prophezeit, die Unwahrheit gesagt oder schlicht gelogen. Die Sekte hätte sich in logischer Konsequenz auflösen müssen, Hass oder zumindest Verärgerung auf Marian hätte sich breitmachen müssen. Aber was passierte zur Verwunderung aller? Mitnichten löste sich die Sekte auf. Die Mitglieder waren nun sogar noch mehr gefestigt in ihrem Glauben, viel mehr als zuvor. Die Erde ging nicht unter, ja. Aber das war ganz und gar ihr Verdienst! Wie kräftig hatten sie gebetet und gehofft, dass es nicht eintrat. Ihre Gebete wurden schließlich erhört!

Wieso den neu gewonnenen Glauben wegen Tatsachen über Bord werfen? Was würde das bedeuten? Den Job aufzugeben, nach Salt Lake City zu ziehen und jahrelang einer Pseudoidee hinterherzulaufen? Die Vorstellung war unerträglich. Nein, Marian und Sananda und natürlich alle Anhänger*innen haben dafür gesorgt, dass die Erde und ihre Menschen überleben konnten. Die Ufos mussten nicht kommen. Und statt der Gruppe um Marian Dank entgegenzubringen, machten sich Außenstehende auch noch lustig! Undankbar und ungläubig – kann es etwas Schlimmeres geben? Ihre Gefolgschaft blieb Marian also treu, bis diese 1992 verstarb, allerdings unter dem Namen Schwester Thedra. Von der Staatsanwaltschaft und zahlreichen Anzeigen verfolgt, war sie nun gezwungen, ihre Identität immer wieder zu ändern – diese Ungläubigen und ihre irdischen Gesetze!

Betrachtet man das ganze Szenario einmal mit etwas Distanz, standen die Anhänger*innen ab dem 22. Dezember 1954 vor einem Dilemma. Alle waren mit der Diskrepanz konfrontiert: Stimmt das alles oder basiert alles auf einer einzigen Lüge? In der Gruppe brach der Konflikt zwischen Rationalem und Emotionalem aus. Schnell wurde jedoch die Lösung gefunden: Nur weil sie so gläubig waren, konnte die Menschheit überleben. Wenn Marian eine Betrügerin wäre und die Mitglieder ihr auf den Leim gegangen wären, was hätte das für ein unerträgliches Gefühl bei ihnen ausgelöst? Dem reinen „Herzen" folgen und sich die Welt und ihre Rationalität zurechtzubiegen war da erfolgversprechender – zumindest für die eigene Psychohygiene.

Dieses Spannungsfeld nannte Leon Festinger im Anschluss „kognitive Dissonanz". Er sah den inneren Konflikt als eine Art Misston, den niemand gerne hören möchte und deshalb kurzfristig leiser dreht. Ein mächtiges Phänomen, das uns alle täglich begleitet. Eine Frau kauft Schuhe, die eigentlich viel zu teuer sind, zudem noch unbequem, aber irgendwie passen sie perfekt zu dem Kleid. Zu welchem Kleid? Das gibt es ja noch gar nicht (und wenn sie ehrlich ist, wird es dieses Kleid vielleicht nie geben), aber nun sind die Schuhe schon gekauft. Deswegen war es richtig, denn falls ein passendes Kleid gefunden wird, müssen keine neuen Schuhe extra gekauft werden. Ähnlich wird es vermutlich auch im Falle der Handtasche sein. Festinger stellte dazu Folgendes fest:

99

If more and more people can be persuaded that the system of belief is correct, then clearly it must after all be correct.

(Festinger et al. 1956, S. 28)

Sinngemäß gilt also nach Festinger: Wenn mehr und mehr Menschen davon überzeugt werden können, dass das Glaubenssystem korrekt ist, dann muss es auch richtig sein. Später definierte Festinger vier Ablaufschritte, in denen eine kognitive Dissonanz entsteht (Festinger 1962):

1. Damit eine kognitive Dissonanz überhaupt auftritt, muss das Verhalten **freiwillig** erfolgt sein. Wäre die Frau zum Kauf dieser Schuhe gezwungen worden, würde sie ihren Kauf im Nachhinein niemals rechtfertigen wollen. Sie fände die Schuhe schlichtweg zu teuer und zu unbequem! In unserem Fall steht also am Anfang **der Wille** der Frau, die teuren und unbequemen Schuhe zu kaufen.

2. Im zweiten Schritt der kognitiven Dissonanz wird das eigene Verhalten als **widersprüchlich** empfunden. Nachdem sie die Schuhe einen Tag lang getragen hat, merkt die Frau, dass sie absolut unbequem sind, zusätzlich hört sie von einer Freundin, dass diese das gleiche Paar Schuhe für einen deutlich geringeren Preis gekauft hat.

3. In der Folge tritt **physiologische Erregung** ein, der dritte Schritt der kognitiven Dissonanz. Die Frau **ärgert** sich über ihr misslungenes Kaufgeschäft. Als sie von ihrer Freundin auf ihre teuren Schuhe angesprochen wird, reagiert sie **gereizt und aggressiv**.

4. Damit ist der vierte Entstehungsschritt der kognitiven Dissonanz eingeläutet: Die Frau **ärgert** sich über das herausgeworfene Geld und somit über **ihr eigenes Verhalten**. Ihre Kognitionen befinden sich in einer **„Dissonanz"**, das heißt, sie harmonieren nicht mit dem Verhalten der Frau. Sie fühlt sich unwohl.

Menschen, die diesen Prozess der Dissonanz-Entstehung durchlaufen haben, befinden sich in einem unangenehmen Erregungszustand und wollen diesen wieder auf ein angenehmes Level herunterfahren. Um das zu schaffen, gestehen wir uns oft nicht einfach den Fehler ein und ändern in Zukunft unser Verhalten. Es ist eben nicht so leicht, sich selbst die Schuld für das eigene Verhalten zu geben. Ebenso wenig wird die Frau aus ihrem Schuhkauf Konsequenzen für ihr zukünftiges Verhalten ziehen.

Stattdessen ändern wir einfach das Bild, die Rahmung, also unsere Kognition, die Umwelt, all das, was rational wahrgenommen worden ist, und fühlen uns durch diese „Anpassung" sogar noch wohler als zuvor. Diesen Prozess nannte Festinger die **Dissonanz-Auflösung**: Um sich ihren Fehler nicht eingestehen zu müssen, wird die Frau nun versuchen, ihren misslungenen Schuhkauf gedanklich in einen gelungenen umzuwandeln. Dazu ändert sie die Kognitionen, die zu dem unangenehmen Zustand geführt haben, derart, dass sie mit dem Verhalten des Schuhkaufs wieder in Übereinstimmung kommen. Sie kann beispielsweise den Kauf eines Kleides in Betracht ziehen, der wiederum den Schuhkauf rechtfertigt; sie hat also die dissonanten Kognitionen durch konsonante Kognitionen ersetzt, die ihren Schuhkauf stützen. Sie kann den Vorfall aber auch verdrängen, indem sie ihren misslungenen Kauf ihrem Mann gegenüber verschweigt und somit die dissonanten Kognitionen ignoriert.

Das Phänomen der kognitiven Dissonanz trat auch bei Marians Gefolgschaft auf. Nachdem sich Marians Prophezeiung nicht bewahrheitet hatte, mussten die Menschen auf kognitive Bewältigungsstrategien zurückgreifen:

Denn sie hatten sich **freiwillig** der Sekte angeschlossen. Dass die Ufos nicht am Himmel erschienen waren, empfanden sie daher als **widersprüchlich** und waren deswegen nun verständlicherweise **aufgebracht**. Kein Wunder also, dass sie versuchten, sich die Situation zu erklären – ihr ganzes Leben schien davon abzuhängen – und tat es tatsächlich auch. Man denke nur an die zahlreichen Mitglieder, die ihre Existenz im „Real Life" für den Glauben an Marians Visionen aufgegeben hatten. Folglich wurden **die dissonanten Kognitionen durch konsonante Kognitionen ersetzt**: Es war richtig und wichtig, und Gott sei Dank blieb ich meinem Verhalten treu! Marian sei Dank, dass wir überlebt haben!

Alle Außenstehenden können dies natürlich nur schwer nachvollziehen, da sie davon ausgehen, dass Marian ja erst diesen Widerspruch produziert hat. Die kognitive Dissonanz entsteht nämlich, wenn wir das Gefühl haben, unfähig, unwissend oder unmoralisch gehandelt zu haben und unsere Haltung, unser Verhalten oder unser Handeln negative Folgen für uns oder für Dritte hat oder haben könnte.

Mit diesem neuen Wissen versuchen wir nun, den Dialog von Hannah und Marie nachzuvollziehen.

Marie fühlt sich in ihrer Welt der wissenschaftlichen Erkenntnis, zu der sie freiwillig tendiert, wohl und wird alles dafür tun, diese nicht zu verlassen. Hannah hat sich dagegen für einen alternativen, für sie einfacheren und nachvollziehbareren Weg entschieden, den sie ebenfalls nicht so ohne weiteres verlassen wird. Beide haben ihren Weg freiwillig gewählt und fühlen ein Unbehagen bei der Vorstellung, die andere Seite könnte recht haben.

Wenn Hannah behauptet, die „Wissenschaft" stecke mit der Politik unter einer Decke, wird Marie behaupten, dass es nicht nur die eine Wissenschaft gebe, sondern – gerade auf die Corona-Pandemie bezogen – eine Vielzahl unterschiedlicher medizinischer Wissenschaften zum Zuge kommen: Virologie, Epidemiologie, Immunologie und viele weitere mehr. All diese Wissenschaften verfahren nach einer streng definierten Methodik und beobachten die Welt mit ihrer jeweils eigenen wissenschaftlichen „Brille". Wenn Marie behauptet, die Politik habe die Corona-Pandemie mittels der getroffenen Maßnahmen gut eingedämmt, behauptet Hannah, dass das passiert sei, weil das Virus nicht existiere und nur ein inszenierter Komplott sei. Beide befinden sich in ihrer eigenen gedanklichen Welt, die nicht mit der jeweils anderen vereinbar ist. Paul K. Feyerabend, ein Philosoph und Wissenschaftstheoretiker, erklärt uns dieses Phänomen wie folgt: Jede Theorie färbt unsere Sichtweise auf die Welt und setzt uns eine „Brille" auf. Glaube ich an Theorie A, kann ich eben nur die Dinge in meiner Umgebung sehen, die „Brille A" erkennbar machen kann. Unsere Wahrnehmung wird so hochselektiv, weil sie theoriegeleitet ist. Obwohl die Welt eine Vielzahl von Phänomenen bietet, sehe ich doch nur das, was mir meine Theorie suggeriert. Eine Welt, die ich mir eben nur in dieser bestimmten Weise vorstellen kann – Personen, die die „Brille B" aufhaben, erscheinen mir mit ihrer Weltsicht fremd. Die Geschütze, um diese Welt zu verteidigen, wurden bereits aufgefahren: Die eingefahrenen Logiken von Marie und Hannah sind die Schwerter. Sie verhindern einen gemeinsamen Mittelweg. Die beiden sprechen schlichtweg aneinander vorbei – mehr noch: Beide sprechen quasi mit Unterstützung der jeweils anderen über sich selbst. Zwei isoliert geführte Monologe also.

Hätten nun dennoch beide das Wissen über die kognitive Dissonanz im Gepäck, hätten sie vielleicht ganz anders miteinander diskutiert. Sie könnten dann verstehen, wieso sich das Gegenüber auf diese Weise und wieso sie sich selbst auf jene Weise rechtfertigen. Solange aber beide auf ihrer Realität beharren und nicht aufeinander ein- und zugehen, treten sie auf der Stelle.

Ein plastischeres Beispiel hierfür ist die Zahl 6, die von der gegenüberliegenden Seite als 9 wahrgenommen werden kann. Je nach Position, Kontext oder Verständnis hat einer oder eben beide recht. Ähnlich verhält es sich damit, wenn religiöse Personen mit atheistischen diskutieren. Die Atheistin fängt mit der Logik an, der Gläubige mit Glauben – und der gemeinsame grüne Zweig verschwindet in weiter Ferne. Die Religion stiftet in der Regel Hoffnung, die Verschwörungserzählung nährt sich jedoch vom Zweifel, sie kann sogar Hoffnung nehmen; sie ist oft in sich inkohärent oder nicht schlüssig und bedient sich deshalb immer weiterer Alternativerzählungen, um das Gesamtbild stimmig erscheinen zu lassen.

2. Die Macht der eigenen Theorien

Haben Sie schon einen Mikrochip von Bill Gates unter der Haut?

Wieso sollte der junge Teil der Bevölkerung Corona-Einschränkungen hinnehmen, wenn doch anscheinend ohnehin nur die Älteren gefährdet sind? Diese Frage stellen sich zurzeit viele Menschen. Und die Antworten darauf scheiden die Geister.

Es gibt natürlich nicht nur Menschen, die für oder gegen die Corona-Maßnahmen sind, sondern auch diejenigen, die sich unsicher sind, sich aber eines kritischen Verstandes bedienen. Doch wem sollte man in diesen Zeiten Glauben schenken angesichts der Flut an Informationen, die täglich über die Corona-Krise auf uns einprasseln?

Wem man in der Corona-Krise Glauben schenken sollte, kann man nicht beantworten. Allerdings kann man der Frage auf den Grund gehen, warum wir Menschen in dieser Zeit überhaupt mit solchen Fragen konfrontiert werden und uns selbst damit konfrontieren, was also die Ursache unseres Zweifelns ist.

"

Unsicherheit ist gut. Sie bedeutet, dass Veränderung in der Luft liegt. Und Veränderung braucht den Zweifel, das Nachdenken, das Neujustieren und die damit einhergehende Unsicherheit. Und Dinge zu verändern [...] dauert. Das geht nicht über Nacht.

Tupoka Ogette (2020)

99

There is no glory in prevention.

Prof. Dr. Christian Drosten (2020)

Das sogenannte Präventionsparadox, das erstmals 1992 vom britischen Epidemiologen Geoffrey Rose beschrieben wurde, bietet uns eine Hilfe, um die zweifelnde Corona-Gesellschaft besser verstehen zu können (Rose 1992, zitiert in Heinrich-Böll-Stiftung 2017, S. 270). „Prävention" bezieht sich im Allgemeinen auf vorbeugende Maßnahmen, vor allem im Gesundheitsbereich; „Paradox" bedeutet schlichtweg Widerspruch.

Präventive Maßnahmen gelten dann als widersprüchlich, wenn sich genau dank dieser Maßnahmen das befürchtete Szenario eben nicht einstellt. Sobald die Maßnahmen ihre Wirkung zeigen, ist die ursprüngliche Gefahr nicht mehr wahrnehmbar; durch die positive Wirksamkeit ist die Ursache, weswegen die Maßnahmen ergriffen worden sind, nicht mehr spürbar. Obwohl die Prävention also erfolgreich war und größeren Schaden verhindern konnte, wird sie bei den Menschen nicht als erfolgreich wahrgenommen. Im Nachhinein entsteht sogar der Eindruck, dass alles völlig übertrieben worden sei, denn die negative Wirkung für den einzelnen Menschen blieb aus. Für die Bevölkerung bringt die Maßnahme zwar einen hohen Nutzen, dem einzelnen Menschen dagegen oft nur wenig – eben weil der Einzelne die Wirkung nicht spüren konnte.

Das ist gerade in Deutschland passiert: Da hierzulande rechtzeitig und umfassend Bildungs- und Erziehungseinrichtungen geschlossen, Kontakt- und Ausgangsbeschränkungen erlassen und großflächig Testungen durchgeführt wurden, konnten sich die Menschen nicht mehr un-

gehindert anstecken. Genau deshalb konnte die Kurve abgeflacht werden, die Überlastung des Gesundheitssystems blieb aus, die Intensivbetten mussten nicht alle genutzt werden. Genau dies war und ist für die Personen, die nicht direkt mit dem medizinischen Bereich zu tun haben oder keine COVID-19-Fälle im näheren Umfeld hatten, nicht greifbar, spürbar, wahrnehmbar. Warum also diese ganzen störenden Maßnahmen, die mich wochenlang einschränken? Wo ist nun diese befürchtete Pandemie?

Hier noch einmal deutlicher anhand eines Beispiels: Es ist Samstagabend, und wie jede Woche möchte Hannah in ihren Lieblingsclub gehen, um dort zu feiern, darf das aber aufgrund der Corona-Beschränkungen momentan nicht. Sie sieht die Schuld bei den „Alten", für die man sich einschränken muss, da sie leichter an COVID-19 sterben können. In ihr steigt Wut auf, sie kommt sich gegenüber den Älteren unwichtig vor.

Soziolog*innen sprechen in diesem Fall von einem Zurücktreten des Einzelnen vor dem Hintergrund des Kollektivs: Der Einzelne muss sich nun in seinem Verhalten eindämmen, um andere zu schützen. Das ist die erste Hälfte des Präventionsparadoxons, das im Folgenden noch einmal genauer beobachtet wird.

Stört es Sie, dass Sie wegen Ihrer älteren Mitmenschen verzichten müssen? Diese Frage wurde zu Beginn der Pandemie gestellt.

Nun wird vielleicht klarer, warum sich einige junge Menschen vermeintlich sträuben, die Ausgangsbeschränkungen einzuhalten. Bekanntermaßen ist nämlich das individuelle Risiko, am Virus zu erkranken, für junge Menschen äußerst gering. Hannah ist demnach viel weniger gefährdet als ihre Oma. Dass ihr Clubbesuch ihre Oma gefährden könnte, ist für sie schwer nachvollziehbar.

Damit sich das Virus aber langsamer ausbreitet, ist es nötig, dass viele junge Leute verzichten. Doch bei der aktuellen Corona-Pandemie geht es um eine deutlich größere Einschränkung als den samstäglichen Clubbesuch. Es geht um Ausgangsbeschränkungen, Kontaktbeschränkungen und Maskenpflicht für jeden Einzelnen, um einen Shutdown der Wirtschaft, Schließung der Schulen und Kitas. Die langfristigen Folgen sind ungewiss: Nicht nur Hannah bangt um ihren Arbeitsplatz in der Medienagentur; dieses Schicksal trifft womöglich Millionen von Arbeitnehmer*innen in Deutschland. Nicht nur Hannah darf ihre Oma seit Monaten nicht besuchen; in den Seniorenheimen, Krankenhäusern und zu Hause warten Millionen von Pflegebedürftigen auf Besuch. Auch dass Hannah ihre lange geplante Weisheitszahn-OP absagen musste, ist sicherlich kein Einzelschicksal, sondern trifft wieder viele Menschen. Das neuartige Corona-Virus fordert von allen eine große Verhaltenseinschränkung in vielen Lebensbereichen. Viele Leute müssen also zum Schutze anderer auf ihre individuellen Freiheiten verzichten. Der Einzelne hat vielleicht nur geringen oder gar keinen (spürbaren!) Nutzen von den Präventionsmaßnahmen, viele Leute allerdings schon. Man denke nur an die im Vorfeld skizzierten Horrorszenarien der Corona-Pandemie, die in anderen Ländern Wirklichkeit wurden: überfüllte Krankenhäuser, erschöpftes Krankenhauspersonal, Triage, Übersterblichkeit und vieles mehr.

Viele Menschen müssen für wenige Menschen verzichten. Dass die Zahl derjenigen mit geringem Risiko höher als die Zahl derjenigen mit hohem Risiko ist, scheint nur Wasser auf die Mühlen vieler Gegner*innen der von der Regierung getroffenen Maßnahmen zu gießen. Kein Wunder also, dass sie sich wöchentlich zu Demonstrationen gegen die Corona-Maßnahmen treffen. Oder dass viele Menschen die Einschränkungen als schlimmer empfinden als die Gefahr durch das Virus selbst. Die Politik hat nach Meinung von Hannah also deutlich übertrieben: Kontaktbeschränkung, Lockdown, Shutdown & Co. sind für sie nicht nachvollziehbar.

Doch damit ist – wie bereits erwähnt – nur die Hälfte über das Präventionsparadox gesagt. Es geht dabei eben nicht nur um den individuellen Nutzen, der durch die Corona-Maßnahmen beschnitten wurde, sondern auch um eine kollektive Dynamik. Werden präventive Maßnahmen getroffen und sinkt dadurch die Zahl der Neuinfektionen, wurde das Virus erfolgreich bekämpft. So viel ist sicher. Was jedoch nicht sicher ist, ist, wie sich das Individuum diese Verkettung von Virusbedrohung, Maßnahmen und Zahl der Neuinfektionen erklärt. Nehmen wir also an, die Ursache der Corona-Krise ist das Virus, von dem eine Gefahr ausgeht. Um die Gefahr einzudämmen, beschließt die Politik Maßnahmen, mit dem erklärten Ziel einer bestimmten Wirkung: die Eindämmung der Ausbreitung des Virus. Und nehmen wir nun an, die Corona-Maßnahmen hatten Erfolg: Welches Resultat ist sichtbar?

Richtig: zunächst keines! Denn dass die Maßnahmen wirksam waren, lässt sich zwar statistisch an der geringeren Zahl der Neuinfektionen nachweisen, allerdings ist für den Einzelnen diese Wirkung weder sichtbar noch kann er sie am eigenen Körper spüren. Da Hannah noch sehr jung ist, blieb sie bisher von den Symptomen des Corona-Virus verschont. Dass sich andere Menschen krank fühlen könnten, kann sie nicht an ihrem Körper spüren. Zwar kann Hannah in den Nachrichten hören, dass die Reproduktionszahl[1] unter 1 gesunken sei, sie liest, dass die Zahl der Neuinfektionen rückläufig sei, sie kann aber nicht beurteilen, ob die Maßnahmen der Politik wirklich erfolgreich waren.

Schauen wir uns hierzu einmal den umgekehrten Fall an: Das Corona-Virus konnte sich ungehindert ausbreiten, weil die Politik keinerlei Maßnahmen getroffen hat. Die Zahl der Neuinfektionen schnellt rasant in die Höhe, die Kliniken sind überfüllt und alle Horrorszenarien der Corona-Pandemie scheinen sich zu bewahrheiten. Hannah darf nicht mehr arbeiten, weil ein Kollege in der Medienagentur am Corona-Virus erkrankt ist. Auch in den Medien wird nun darüber diskutiert, dass einzelne Politiker*innen versagt hätten oder dass nicht die passenden Maßnahmen zum richtigen Zeitpunkt ergriffen worden seien. Abstrakter gesprochen: Die Ursache – das Virus – muss nun zukünftig mittels bestimmter Maßnahmen eingedämmt werden, damit sich die Wirkung einstellt: die Senkung der Infektionszahlen.

In diesem zweiten Beispiel können wir einen klaren Grund angeben, warum die Situation eskaliert ist: die fehlenden Präventionsmaßnahmen. Hannah sieht also die Ursache – das Virus – und dessen explosionsartige Verbreitung – seine Wirkung. Besonders die Wirkung bekommt Hannah nicht nur am eigenen Leib, sondern auch an ihrer Umwelt deutlich zu spüren. Hätte die Politik doch nur rechtzeitig Maßnahmen ergriffen! Hannah kann also Ursache und Wirkung über die fehlenden Präventionsmaßnahmen miteinander verknüpfen. Dass sich das Virus ungehindert ausbreiten konnte, ist klar, da die Politik nicht gehandelt hat. Ein Virus ohne Grenzen löst eine nahezu grenzenlose Infektionswelle aus.

In unserem ersten Beispiel jedoch, in dem die Pandemie frühzeitig aufgrund diverser Maßnahmen eingedämmt werden konnte, kann kein Grund für die erfolgreiche Überwindung der Krise gegeben werden. Hannah sieht also: Es wurde eine Ursache – das Virus – genannt,

---

[1] *Als die Infektionsrate weniger stark anstieg, erschien ein für die meisten Menschen neuer Wert, um den sich alles drehte: R, die sogenannte **Reproduktionszahl**. R beschreibt die Anzahl der Menschen, die eine infizierte Person in der Regel anstecken wird. Die Basisreproduktionszahl ist der Startwert einer Pandemie.*

aber wo ist die Wirkung? Hannah konnte, nachdem die Corona-Pandemie eingedämmt worden war, wieder ihrem normalen Alltag nachgehen. Ihr Fitnessstudio öffnete wieder, ihre Oma lud sie nach langem zum Kaffeetrinken ein, und auch für ihre längst anstehende Weisheitszahn-OP konnte ein Nachholtermin vereinbart werden. Viel Wirbel um nichts? Waren wirklich die Präventionsmaßnahmen das Mittel, mit dem die virale Ursache nachhaltig und wirksam eingedämmt werden konnte? Vielleicht ist das Corona-Virus gar nicht so gefährlich, wie die meisten Medien behaupten? Hannah versteht die Welt nicht mehr: Hat nicht vielleicht doch Bill Gates das Virus in die Welt gesetzt, um die Weltherrschaft zu erlangen? Geld und Macht hätte er ja genug.

Wenn Sie sich jetzt ähnlich wie Hannah solche Fragen stellen, befinden Sie sich in einem Vakuum; in einem Vakuum, das das Präventionsparadox geschaffen hat. Denn dass die Präventionsmaßnahmen für den Rückgang der Infektionszahlen verantwortlich waren, war Ihnen nicht bewusst. Sie sehen nur, dass keine Wirkung eingetreten ist. Die deutschen Krankenhäuser sind leer, die Wirtschaft fährt langsam wieder hoch und der erwartete Ansturm an Infizierten auf die Krankenhäuser ist ausgeblieben. Abgesehen von der Maskenpflicht stellt sich langsam die Normalität wieder ein. Die Wirkung, also das ausgebliebene Chaos, verbleibt im Unsichtbaren. Zwar war die Maßnahme sichtbar und spürbar in Form von Kontaktbeschränkungen und Shutdowns; doch waren es wirklich die Maßnahmen, die geholfen haben?

Bei Hannah haben sich genau diese Zweifel aufgetan. Die Natur der Wissenschaften selbst beschwört sie herauf: Dass die Maßnahmen gegen das Corona-Virus nämlich tatsächlich wirksam waren, also die Zahl der Neuinfektionen gesenkt werden konnte, kann nicht nachgewiesen werden. Es ist ja auch ein Ding der Unmöglichkeit, etwas nachzuweisen, das nicht vorhanden oder nicht eingetreten ist. Es kann nur vermutet werden, dass der Zeitpunkt des Einsetzens der Maßnahmen mit dem Rückgang der Infektionszahlen zusammenhängt. Das ist die zweite Hälfte des Präventionsparadoxons.

Dadurch, dass die medial prognostizierten Szenarien nicht oder nicht in erwarteter Intensität eingetreten sind, scheint die Gefahr durch das Virus gering zu sein. Folglich halten sich die Menschen nicht mehr an die erforderlichen Maßnahmen, denn sie fühlen sich auch ohne sie sicher. Auch Hannah trifft sich nun mit ihren Freundinnen und Freunden nachmittags am See – jetzt auch ohne Maske. Nachdem sie merkt, dass das Virus in Deutschland gar nicht so schlimm war, wie sie in den Medien gehört hat, kommt sie ins Zweifeln: Die Politik rühmt sich für ihre scheinbar erfolgreichen Präventionsmaßnahmen. Doch stimmt es wirklich, was die Politiker*innen über die Wirksamkeit der Maßnahmen sagen? Ist das Virus vielleicht gar nicht so gefährlich wie anfangs angenommen? Oder steckt hinter den Maßnahmen gar ein geheimer, großer Plan?

Wenn Sie in der Vergangenheit ähnliche Gedanken hatten wie Hannah oder gerade generell zweifeln, dann geht es Ihnen nicht anders als vielen anderen Deutschen, die sich in der Corona-Krise orientierungslos fühlten oder fühlen. Viele Menschen zweifeln auch insgeheim oder an einigen Stellen weiter oder bleiben einfach kritisch oder skeptisch. Bei anderen wiederum mehrt sich dieser Zweifel und sie entdecken für sich alternative Denkmuster, andere Narrative. Laut der Studie des Instituts für Generationenforschung glaubten kurzzeitig – relativ bald nach dem Lockdown – über 25 % der Deutschen, dass sich hinter der Corona-Pandemie etwas anderes verbirgt als offiziell verkündet. 10 % glaubten und glauben an eine Weltverschwörung. Die meisten kanalisieren diese Idee auf Bill Gates, der angeblich die Weltbevölkerung impfen möchte. Es handelt sich dabei jedoch – wie eingangs erklärt – nicht um eine Theorie, denn eine Theorie kann man widerlegen, falsifizieren, prüfen oder wissenschaftlich beweisen. Es handelt sich vielmehr um eine Art „Erzählung", um Mythen oder einen Glauben. Der Begriff „Verschwörungstheorie" ist irreführend, da viele dadurch meinen, es handle sich dabei wirklich um eine wissenschaftlich belegbare oder aber auch falsifizierbare Theorie. Vielmehr muss man sich jedoch dabei eine Lagerfeuererzählung vorstellen, die ähnlich dieser Metapher auch angereichert sein muss mit Spannungsbogen, Überraschungen und Pointen. Das Publikum hört dem Erzähler als Dank gespannt und aufmerksam zu, denn nichts merkt man sich mehr als spannende Geschichten und Anekdoten. Haben wir diese nicht alle als Kinder geliebt? Wir alle wuchsen mit Märchen und Fabeln auf, auch oft mit dem Hinweis, dass sie einen Funken Wahrheit enthielten.

Vermutlich kennt jeder Bundesbürger jemanden, der nicht an die „offizielle" Regierungsversion glaubt. Dieser besondere Personenkreis gehört zu denjenigen, die sich in der Corona-Krise in einem Erklärungshohlraum befinden. Da die Wirkung der Maßnahmen nicht sichtbar ist, können sie alle möglichen Erklärungsmöglichkeiten für die aktuelle Corona-Situation heranziehen. Kein Wunder also, dass das Corona-Virus in der Sinnsuche zur aktuellen Krise als eine Art „Brandbeschleuniger" dient. Einen scheinbaren Halt in dieser unbestimmten Situation bietet für viele Menschen das Internet.

So vertraut auch Hannah der Politik nicht mehr. Sie möchte sich auch auf einem anderen Weg über die aktuelle Situation informieren: Das Internet bietet ihr hierfür eine riesige Plattform, eine nie versiegende Informationsquelle. Zu Beginn der Corona-Krise, so das Institut für Generationenforschung, informierten sich die Menschen über die aktuelle Situation hauptsächlich über das Internet (85 %). Die digitalen Medien sind also den analogen Medien zahlenmäßig voraus. Aber nicht nur zahlenmäßig, sondern auch verhältnismäßig haben die digitalen Medien einen Vorsprung: Jugendliche verbringen im Schnitt 4 bis 6 Stunden täglich im Internet (Maas 2019), Tendenz steigend. Aber auch Erwachsene sind immer länger online. Dabei haben das Internet bzw. die Algorithmen von Suchmaschinen oder Social-Media-Kanälen einen großen Anteil. Das Internet sorgt quasi dafür, dass der User auch länger im Netz bleibt. Dank Addictive Design schlagen die Algorithmen immer wieder ähnliche oder spannendere Artikel, Beiträge oder Posts vor (Neyman 2017). Am Ende wird die Meinung eines Menschen dadurch stark beeinflusst. Was und wie wir einkaufen, wohin wir in den Urlaub fahren oder welche Musik wir gut finden, das alles kann durch das Internet und seine Algorithmen geprägt sein. Hinzu kommt, dass das Internet wir alle sind. Jede Einzelperson, die über einen Internetzugang oder mobile Daten verfügt, kann im Internet ihre Meinung kundtun. Das ist nicht per se schlecht, eröffnet aber gleichzeitig auch all jenen Möglichkeiten, die es vielleicht nicht so gut mit uns meinen: Betrüger*innen, Manipulator*innen und Verschwörungserzähler*innen. Derzeit erfreuen sich vor allem sogenannte Influencer*innen enormer Beliebtheit: Durch ihren vermeintlich authentischen Internetauftritt schaffen sie es, Sympathien bei ihren Followers zu erzeugen. Je sympathischer mir ein Mensch ist, desto eher glaube ich ihm auch.

Ab dem 19. Mai 2020 stieg der Anteil derer, die sich über Social Media informierten, gravierend an; dies korreliert auch stark mit dem Anstieg an Verschwörungsgläubigen. Vor allem die Videoplattform YouTube scheint ein beliebter Informationskanal bei Personen zu sein, die einen größeren Plan hinter der Corona-Krise sehen.

Welche Medienkanäle nutzen Sie, um sich über den aktuellen Stand zu informieren?

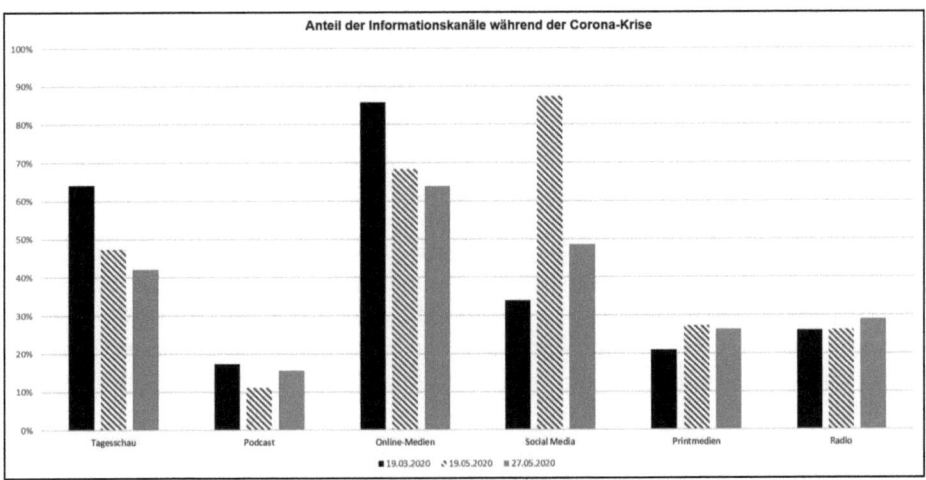

©Institut für Generationenforschung. 19.03.2020, n = 2.875 | 19.05.2020, n = 2.903 | 27.05.2020, n = 3.350

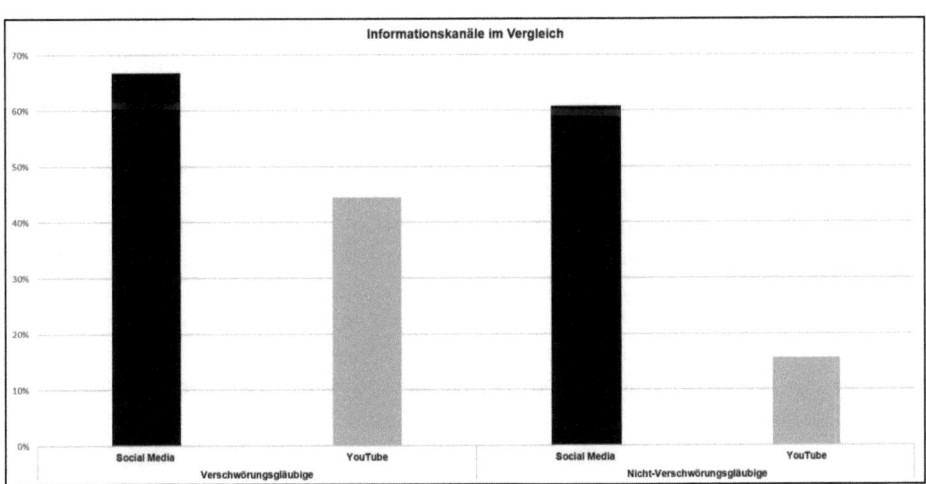

©Institut für Generationenforschung. 19.05.2020, n = 2.903

Hannah hat auf dem Weg der Sinnsuche verschiedene Foren, Plattformen und Artikel durchstreift und dabei einige interessante Beobachtungen gemacht. Sie stößt auf die Theorie, Bill Gates und seine Frau Melinda haben das Corona-Virus in die Welt gesetzt, um die Weltherrschaft an sich zu reißen und die Menschen über Zwangsimpfungen zukünftig kontrollieren zu können. Über einen Link kommt Hannah auf ein Forum, auf dem sich Wissenschaftler*innen über die Sinnhaftigkeit von Impfungen austauschen. Dabei stößt sie auf den Beitrag eines Professors, der deutlich vor den Gefahren von Impfungen warnt. Hannah googelt weiter: Auch einige Influencer*innen, denen Hannah auf TikTok und Instagram folgt, teilen diese Meinung.

Ergo: Aus der unsicheren Hannah wurde eine Hannah mit eigenen Erklärungen und Erzählungen, die ihr auch wieder Sicherheit verleihen. Denn Hannah weiß nun, wem sie die Schuld für die Corona-Krise in die Schuhe schieben kann. Das unsichtbare Virus hat nun ein Gesicht bekommen. Hannah kämpft nicht mehr gegen eine abstrakte virale Macht, sondern gegen einen machtvollen Bill Gates. Ihre Verschwörungserzählung gibt ihr in der Corona-Krise Sicherheit und Halt. Da Hannah nun den Themenkomplex Corona für sich wieder greifen und verorten kann, geht es ihr besser, viel besser sogar! Sie hat gemäß der kognitiven Dissonanz ihre Realität ihren Emotionen untergeordnet. Ihre Wut gegen die machtvollen Eliten treibt sie an: Ja, klar, Bill Gates und seine Frau, das macht doch Sinn! Irgendwie fand Hannah ihn eh immer komisch ... er war doch auch mal der reichste Mann der Welt. Vielleicht will er ja wieder dorthin. Ja das macht alles mehr Sinn als das, was das Robert Koch-Institut (RKI) und die Tagesschau uns verkaufen wollen!

Nun, nur weil Hannah vielleicht eine andere Erklärung für die Corona-Krise hat, ist sie noch längst keine Verschwörungsmythikerin, könnten Sie nun einwerfen. Und tatsächlich: Bezeichnet man einen anderen Menschen als Verschwörungsmythiker*in oder Verschwörungserzähler*in, muss man vorsichtig sein. Eine wissenschaftliche Theorie nutzt wissenschaftliche Methoden, um bestimmte Tatsachen und Erscheinungen zu erklären. Die Forscher*innen des RKI zum Beispiel versuchen zu erklären, wie sich das Corona-Virus verbreitet. Dazu nutzen sie die Zahl der Neuinfektionen zur Berechnung der Reproduktionszahl R, um ein Bild vom zukünftigen Verlauf der Corona-Pandemie zeichnen zu können.

Leider ist die Wissenschaft nicht immer so linear und kausal, wie viele es sich wünschen, und oft gleichen ihre Aussagen sogar eher einem Schlingerkurs. Daher wurde jede neue Erkenntnis der Wissenschaft medial befeuert und schon hört man jede Woche oder gar jeden Tag sich widersprechende Aussagen. Viele Pandemie-Forscher*innen oder Virolog*innen sind hervorragend ausgebildet in ihrem Fach, haben aber zu spät erkannt, wie die Kommunikation mit den Medien funktioniert. Liefert das RKI die Zahlen zu nüchtern, werden diese von vielen Medien gemäß dem Clickbaiting[2] emotional angereichert. Die Corona-Krise war und ist eine dankbare Zeit für viele, um sich in Szene zu setzen.

---

[2] **Clickbaiting** *leitet sich vom englischen „to bait" ab, was so viel wie „jemanden oder etwas ködern" bedeutet. Im Online-Kontext bezeichnet Clickbaiting meist ein kreatives Anzeigebild eines Videos, das dazu führen soll, die Aufrufe des Videos zu erhöhen.*

Plötzlich wurden Virolog*innen, Ärzt*innen und Wissenschaftler*innen bekannt, von denen Hannah noch nie zuvor gehört hatte. Man bekam unweigerlich den Eindruck, als ob jeder neue Corona-Promi erst mal eine provokante Behauptung oder Antithese in den Ring werfen musste, um von den Medien überhaupt Beachtung zu bekommen. Dabei sind es nicht einmal die Medien, die das befeuert haben; vielmehr sind es wir Konsumentinnen und Konsumenten selbst, die beim Lesen, Zuschauen und Zuhören absolut offen waren für Alternativerzählungen und konzepte. So haben einige Virolog*innen neben ihrer fachlichen Meinung auch ihre persönliche Meinung geäußert – zwar mit Hinweis und sogar mit der Bitte, diese nicht als wissenschaftliche Aussage aufzufassen, aber gehört wurde: „Der Wissenschaftler hat gesagt ..."

So funktioniert die Wahrnehmung eben nicht. Es war nicht die Person und ihre persönliche Meinung, nein, es war die Virologin Frau Prof. Dr. Melanie Brinkmann, die im Februar 2020 sagte, sie hoffe darauf, das Corona-Virus schnell zu bekommen, um die Krankheit „hinter sich zu haben". Nun kann niemand ernsthaft behaupten, dies sei eine wissenschaftliche Aussage gewesen. Prof. Dr. Hendrik Streeck sagte jedoch beispielsweise in einer Talkshow bei Markus Lanz, seiner persönlichen Meinung nach hätte es den Lockdown nicht gebraucht. Was kam jedoch beim Publikum an? Richtig: Der Wissenschaftler und Virologe Prof. Dr. Streeck hat sogar als Experte und Wissenschaftler bestätigt, dass ...

Schnell kann aus dem ursprünglich Gutgemeinten ein Nährboden werden für Verschwörungserzählungen, die in sich schlüssiger erscheinen als der Schlingerkurs der Wissenschaft, seien sie auch noch so abstrus. Dafür gibt es unzählige Beispiele, vor allem am Anfang der Pandemie. Zu Beginn war den Wissenschaftler*innen nicht so sehr bewusst, dass es einen gehörigen Unterschied bedeutet, ob sie im Hörsaal vor Studierenden oder in einem Symposium vor einem Fachpublikum dozieren oder ob sie Sachverhalte für Journalist*innen, Reporter*innen und Medienschaffende darlegen, die nicht wie Studierende zunächst lediglich zuhören und danach erst fachbezogen fragen dürfen. Vielmehr möchte dieser Personenkreis den/die Expert*in aus der Reserve locken oder gar in die Ecke drängen, Unwissenschaftliches, Persönliches oder Prognosen provozieren. Nachdem die Wissenschaftler*innen nach etlichen fehlinterpretierten Beiträgen gemerkt haben, wie der mediale Hase läuft, sind sie jedoch kompetenter und vorsichtiger in ihrer Medienkommunikation geworden und äußern sich nicht mehr auf spekulative Fragen hin. Dieses Verhalten hält die Verschwörungswelt wiederum als Bestätigung für einen Maulkorb, der ihnen „von denen da oben" verpasst worden sei, die sie schließlich bezahlen.

Da für Hannah dies nun alles so keinen Sinn ergibt – denn in ihrer Welt können Wissenschaftler*innen sich nicht widersprechen oder unterschiedlicher Meinung sein – entschied sie sich für alternative Fakten und Narrative. Diese waren für sie schlüssiger und ohnehin auch einfacher zu verstehen. Sie waren aber auch spannender und machtvoller als die kalte, oft langweilige Wissenschaft. Und die Medien leisten einen enormen Beitrag dazu, dass Hannah die Corona-Situation so überhaupt wahrnimmt. Die Symptomatiken der Corona-Krise wie der plötzliche mediale Aufstieg der Corona-Promis sowie der Schlingerkurs der Wissenschaften und der Politik wurden durch das „System" der Medien mit verursacht.

Niklas Luhmann, ein deutscher Soziologe und Gesellschaftstheoretiker sowie Begründer der Systemtheorie, teilt die Welt in Systeme auf. Demnach bilden beispielsweise die Politik, die Wirtschaft, die Wissenschaft und die Medien jeweils ein eigenes System. Dabei verfügt jedes System über eine eigene Logik, die sich in Form binärer Codes ausdrücken lässt. So operiert die Politik mit dem Code von Machtüberlegenheit und Machtunterlegenheit: Ein*e Politiker*in kann in der Politik nur gehört werden, wenn er bzw. sie Macht besitzt, also genug Wählerstimmen erhalten hat; ohne Wähler*innen ist er bzw. sie macht- und damit chancenlos. Das Wissenschaftssystem nutzt den Code von wahr und falsch: Eine Erkenntnis in den Wissenschaften ist nur relevant, wenn sie belegbar bzw. falsifizierbar ist.

Nehmen wir ein Beispiel von Donald J. Trump: Er warf die Frage in den Raum, ob die Injektion von Desinfektionsmitteln ein probates Mittel gegen das Corona-Virus sein könnte. Aus der Sicht der Wissenschaften ist dies schlicht und ergreifend falsch, gar tödlich! Die Injektion von Desinfektionsmitteln kann nämlich unter anderem schwere Vergiftungserscheinungen hervorrufen (Skopp et al. 2016). Die Frage von Donald Trump klang jedoch für viele US-Bürger*innen wie eine Empfehlung. Für die Wissenschaften war dies jedoch nicht relevant, denn ein*e Wissenschaftler*in, die/der Lügen verbreitet, wird vom Rest der Wissenschaftswelt nur belächelt.

Das Prinzip der binären Codes gilt wie für alle Systeme auch für das Mediensystem. Es reagiert nur auf Themen, die **Aufmerksamkeit erzeugen**; Meldungen, die **nicht aufmerksamkeitserregend** sind, werden nicht veröffentlicht. Ein Beispiel hierfür wären die Hamsterkäufe, vor allem von Toilettenpapier. In der ersten Zeit der Corona-Krise waren diese der mediale Hype der Deutschen: Auf den Social Media kursierten zahllose Gifs, Videos und Memes, die den Kampf um das Klopapier thematisierten. „Toilettenpapier als das neue Gold?", *twitterte*, *whatsappte* oder *youtubte* es durchs Netz.

Ein weiteres Beispiel aus der Corona-Krise präsentiert uns die Kehrseite dieser medialen Medaille: Der Lehrstuhlinhaber und Institutionsdirektor der Berliner Charité, Prof. Dr. Christian Drosten, wurde in einigen Medien deutlich angefeindet, da sich eine seiner Theorien, Kinder trügen eine geringere Viruslast in sich, vermeintlich als falsch erwiesen hatte. Dass die Medien aber nur einige Wortfetzen aus seiner Studie zitiert haben oder dass Drosten mit seiner Stellungnahme zu den Vorwürfen zeitlich unter Druck gesetzt wurde, interessierte im Nachgang viele nicht mehr. Auch dass die politischen Maßnahmen, die Kitas zu schließen, weit vor Veröffentlichung dieser Studie stattfanden, war für einige nicht mehr wichtig. Das Einzige, was ohne gründliche Recherche für diese Leser sichtbar war (und sein sollte!): „Drosten hat unsauber gearbeitet! Auf Drosten kann man sich nicht verlassen! Drosten spielt falsch!" Einige Medien können den wahrgenommenen Input steuern und gegebenenfalls auch entscheidend verfälschen. Und dies kann eine ungeheure (zerstörerische) Kraft freisetzen.

Es ist nämlich vielen Menschen dann doch egal, was Herr Drosten in Wirklichkeit gesagt hat – dass hier gegebenenfalls einige Medien vermutlich selbst unsauber recherchiert haben, ist doch auch langweilig. Wer würde denn gerne eine Schlagzeile lesen wie „Journalist recherchierte nochmals genauer und Drosten kann seine Studie klarstellen"? Viel interessanter klingt doch: „Fragwürdige Methoden? Drosten-Studie über ansteckende Kinder grob falsch!" Die Kasse klingelt. Die Leser*innen sind entsetzt, und viele wussten es ja schon immer. Die Geschichte passt perfekt ins Bild.

Feyerabend nennt die Tatsache, dass Theorien aufgrund ihrer verschiedenen Begrifflichkeiten nicht miteinander verglichen werden können, „Inkommensurabilität" (vgl. Feyerabend 2016, S. 354 ff.).

Dies bezeichnet ein Phänomen, in dem verschiedene Systeme miteinander inkompatibel sind. Die Systeme sprechen unterschiedliche Sprachen, die vom jeweils anderen System nicht verstanden werden, sie sind wie Wesen von fremden Planeten. Eine Zeitung, ein*e Politiker*in oder eine Institution, die sich nur auf aufmerksamkeitserregende Inhalte konzentriert, interessiert sich nicht dafür, was dem Wissenschaftssystem „wichtig" ist. Ein kollektives Aneinander-Vorbeireden also, ohne Chance auf Verständigung, ist die Folge. Dass so vielleicht Falschinformationen verbreitet werden können, ist dem Medium egal, solange es sein Ziel verfolgt.

Weniger inkommensurabel wäre hier in diesem Beispiel der Wissenschaftsjournalismus; dieser wird aber in der Regel wiederum von anderen Lesergruppen konsumiert. Die Wissenschaft selbst achtet oft nicht darauf, dass die jeweiligen Inhalte auch Aufmerksamkeit erzeugen sollten, da sie sich in der Regel nur um wissenschaftliche Fakten kümmert, kaum jedoch um die Emotionen derer, die diese Fakten präsentiert bekommen. Wie Paralleluniversen existieren daher die einzelnen Systeme nebeneinander. Luhmann spricht von der „operativen Geschlossenheit" der Systeme, das heißt, er geht nicht davon aus, dass die Systeme es irgendwann schaffen werden, eine gemeinsame Sprache zu entwickeln: Ein Ende der Parallelexistenzen ist nicht in Sicht. Dies geschieht im Falle der Corona-Debatte allerdings deutlich zum Nachteil der Wissenschaften – und damit zugunsten von Pseudo-Promis, Verschwörungsmythiker*innen und ihren Gläubigen.

Viele Personen, die vor der Corona-Krise als Promis abgeschrieben waren, haben die Corona-Thematik als Sprungbrett genutzt, um vom medialen Abstellgleis auf den Corona-Zug aufzuspringen. Oliver Pocher zum Beispiel konnte durch geschicktes mediales Verpacken der Corona-Thematik seinen Promi-Status wiederbeleben. Selbst mit dem Corona-Virus infiziert postete er aus seiner selbst ernannten Quarantäne-WG regelmäßig die neuesten Erfahrungen aus seinem Leben. Klar, dass Erfahrungen aus erster Hand mit den neuigkeitshungrigen Medien und den verunsicherten Hannahs dieser Welt sehr gut harmonieren. Auf den Social-Media-Kanälen forderte Oliver Pocher andere Influencer*innen dazu auf, ihren Einfluss zu nutzen, um ihre Followers über die Ernsthaftigkeit der Corona-Pandemie aufzuklären. Immer freitags erzählen die Pochers in ihrem Podcast „Die Pochers hier!" über die Erlebnisse ihrer Woche. Die mediale Auferstehung des Oliver Pocher gipfelte schließlich in Auftritten in „Die Quarantäne-WG", an der Seite von Günther Jauch und Thomas Gottschalk. Pocher als besorgter Bürger oder doch nur Werbung in eigener Sache? Dem Mediensystem ist dies ja prinzipiell egal, es wurde geschickt mit aufmerksamkeitsheischenden Inhalten gefüttert, folglich stieg Pocher zum Corona-Promi auf.

Wieso ziehen manche Menschen die Aufmerksamkeit gar magisch auf sich, während andere nicht gehört werden? Im medialen System wird oft das Niveau des Inhalts – im Zeitalter von Social Media Content genannt – nicht berücksichtigt, die Form schon. Das bedeutet, dass vielen User*innen die grafische Darstellung eines Posts wichtiger ist als das textliche Beiwerk – es sei denn, der Text überbietet die Darstellung in Form von Extrembehauptungen. Wie wissenschaftlich fundiert die Behauptung eines Herrn Drosten (zurzeit Top-Corona-Promi, vor Corona den meisten jedoch schlichtweg aufgrund seiner Tätigkeit unbekannt) auch sein mag, sie zählt nicht, solange sie nicht einen angemessenen Aufmerksamkeitsfaktor hat. Dass das RKI versucht, seine Erkenntnisse möglichst neutral und nüchtern darzustellen, ist für ihre mediale Reichweite kontraproduktiv. Wie könnte man das Thema Viren auch spannend vermitteln? Es handelt sich ja dabei nicht einmal um ein Lebewesen. Sicherlich eine schwierige Frage – aber keine unlösbare.

Medienkompetenz – systemtheoretisch mit Luhmann gesprochen – bedeutet, die Mechanismen des Mediensystems zu durchschauen und sie kompetent anwenden zu können, kurzum: zu verstehen, dass es dem Mediensystem oft lediglich um Aufmerksamkeit geht. Man ist folglich nur interessant, wenn man geschickt Aufmerksamkeit erregt. Ist man zu leise, bleibt man im medialen Rauschen ungehört. Gute Beispiele hierfür sind der Soul-Sänger Xavier Naidoo und Attila Hildmann, Autor von veganen Kochbüchern. Man muss nicht einmal mehr „interessant" sein, sondern einfach nur laut. Xavier Naidoo mit seiner Verschwörungsgeschichte vom Clash der Roboter gegen Klone ist definitiv lauter als beispielsweise die Forscher der LMU in München, die sich ebenfalls – jedoch eben wissenschaftlich – mit Verschwörungsmythen auseinandersetzen; hinzu kommt die schon vorhandene große Fan-Gemeinschaft des Sängers.

Aber Medien richtig bedienen zu können allein reicht nicht aus. Wie bei Xavier Naidoo gesehen, brauchen wir eine Basis als Voraussetzung, eine entsprechend große „Fan-Base". Oliver Pocher beispielsweise besaß vor der Corona-Krise bereits eine Instagram-Anhängerschaft von circa 250.000 Followers (Stand Februar 2020). Diese Zahl konnte er durch gekonnte Medienaktivität auf 2 Millionen (Stand Mai 2020) verachtfachen. Im extremen Kontrast dazu ist der Social-Media-Auftritt vieler Wissenschaftler*innen oder des RKI insgesamt zu sehen:

Das RKI selbst, aber auch viele Mitarbeitende des RKI besitzen überhaupt kein Instagram-Profil. Wo nichts ist, kann auch nichts werden! Die schlechte Ausgangsbasis wird negativ komplettiert durch eine nicht aufmerksamkeitsheischende Medienstrategie. Mit nüchtern vorgetragenen Zahlen und Fakten – man denke hier an den Präsidenten des RKI, Herrn Prof. Dr. Lothar Heinz Wieler – reißt man wohl die wenigsten vom Hocker. Auch über statistische Daten zur Corona-Krise wie Kurven über die Ausbreitung der Zahl der Neuinfektionen lassen sich keine neuen Zuhörer*innen generieren. Wenn wir Menschen informieren wollen, müssen wir sie aufrütteln!

Die medienaffinen Influencer*innen haben erkannt, dass man mit der Thematik rund um Hamsterkäufe und Toilettenpapier Klicks generieren kann. Es gilt daher, aktuelle Stimmungen aufzugreifen und sie für den eigenen Content zu nutzen. Dazu reicht im Prinzip eine einfache Formel:

Ausreichend große Anhängerschaft + Mediengeschick = Aufmerksamkeit ► noch größeres Publikum ► noch mehr Aufmerksamkeit

Wird diese Formel beachtet, können die vermeintlich so langweiligen Zahlen des RKI auf offene Ohren bei Hannah stoßen. Und das ist zum Schutz von Menschenleben unbedingt notwendig. Denn für eine erfolgreiche Bekämpfung der Pandemie reicht es eben nicht aus, dass Krankenhäuser vorbereitet und Schutzmasken getragen werden, sondern dass Hannah versteht, wie sie die Schutzmasken tragen soll, und dass sie auch in ihrem Privatleben die Corona-Maßnahmen einhalten muss: Dass sie als Einzelperson an der Pandemiebekämpfung beteiligt und wichtig ist!

Ein weiteres Beispiel ist das Verständnis der Bedeutung der bereits genannten Reproduktionszahl R. Für die Bekämpfung der Pandemie ist dieses Verständnis unbedingt notwendig: Versteht man, dass sich die Kurve der Neuinfektionen nur abflachen wird, wenn R unter 1 liegt, also eine infizierte Person im Schnitt weniger als eine andere Person ansteckt, wird man in seinem Alltag auch eher auf den Sicherheitsabstand von 1,5 Metern achten.

Dass die Wissenschaften und die Politik aber im medialen Rauschen untergehen und nicht die richtigen Instrumente im medialen Dschungel zu bedienen wissen, wurde uns im Rahmen der Corona-Krise immer wieder vor Augen geführt. Viele Menschen glauben nun an Verschwörungsmythen! Xavier Naidoo belehrte uns darüber, dass die Erde flach sei und es keinen Weltraum gebe. Unser heutiges, jahrhundertelang gegen die katholische Kirche erkämpftes heliozentrisches Weltbild wird mal einfach durch einen Sänger über Bord geworfen. Es mag wohl absurd klingen, Xavier Naidoo mit Galileo Galilei und Kopernikus in einem Satz zu nennen. In den Social Media passiert das jedoch täglich: Theorien müssen sich beweisen und bewähren. Xavier Naidoo mit seiner flachen Erde versus heliozentrisches Weltbild der Wissenschaften.

Die besseren Chancen dabei hat nicht derjenige mit den besseren Argumenten, sondern derjenige, der ein besseres Ergebnis in unserer Aufmerksamkeitsformel erzielen kann. Dass das heliozentrische Weltbild seine Anfänge bereits im 16. Jahrhundert hatte und das Hirngespinst eines Verschwörungserzählers aus der Luft gegriffen sein mag, zählt im Internet nicht. Die Logik des Internets ist das Hier und Jetzt. Ähnlich wie beim Fußball zählt oft nur der Gewinn der drei Punkte, nicht jedoch das gute Spiel oder eine tolle Vorbereitung. Eine heute gepostete Nachricht ist morgen bereits Schnee vom digitalen Vorgestern. Und dennoch vergisst das Internet nichts. Folglich bleibt auch jeder Unsinn – und sei er noch so absurd – im Netz bzw. im digitalen Gedächtnis.

Dass die Wissenschaftler*innen vielleicht recht haben, weil sie durch jahrelange Forschung das Corona-Virus charakterisieren konnten, zählt oft nicht. Viele, die im medialen Dschungel gehört werden wollen, müssen mit Mediengeschick gewappnet sein. Mitnichten heißt das, dass alle Menschen auf das hören würden, was ein Verschwörungsmythiker aus Mannheim sagt. Es heißt aber, dass dieser aufgrund seines besseren Ergebnisses in der Aufmerksamkeitsformel mehr Personen erreichen wird.

Die unterschiedliche Gewichtung der Aufmerksamkeit zeigt sich auch bei den sogenannten Hygiene-Demos. Hier versammeln sich all diejenigen, die mit den Corona-Maßnahmen unzufrieden sind. Sie protestieren gegen die Schutzmaßnahmen wie etwa die Maskenpflicht oder den empfohlenen Mindestabstand von 1,5 Metern, weil sie sich in ihren Grundrechten eingeschränkt wähnen. Unabhängig davon, ob sie mit ihrem Protest recht haben oder nicht, aus der Sicht der Virolog*innen ist ein solcher Protest ein Desaster für die Zahl der Neuinfektionen; denn die Protestierenden tun ihre Meinung ohne Sicherheitsmasken und ohne eingehaltenen Sicherheitsabstand kund. Der bereits erwähnte Attila Hildmann – den Nicht-Veganer*innen vor der Corona-Krise evtl. gar nicht kannten – hat sich so einen Namen machen können. Ein klassischer Corona-Promi also, der die Corona-Krise als Sprungbrett für sich nutzen konnte. Dass Hildmann in Berlin vorläufig wegen Verstoßes gegen das Versammlungs- und Infektionsschutzgesetz festgenommen wurde, tut seiner angehenden Bekanntheit sicherlich keinen Abbruch. Ganz im Gegenteil: Er hat weitere Aufmerksamkeit bekommen.

Der Antrieb vieler Verschwörungsgläubigen ist der Zweifel. Er basiert auf einem grundlegenden Misstrauen in Staat, Wissenschaft, Behörden und Institutionen. So geht es auch Hannah. Sie treibt nicht das Interesse an der Erklärung der Corona-Pandemie an, sondern das Misstrauen in die Politik oder die Wissenschaft mit ihren Maßnahmen. Das Präventionsparadox hat hierfür den Weg bereitet, da Unsicherheit geschaffen wurde, die Hannah nun mit Erklärungen tilgen möchte. Ihr Misstrauen in die aktuelle Politik veranlasst sie dazu, sich nach alternativen Möglichkeiten der Welterklärung umzusehen.

Das Präfix „Verschwörungs-" gibt uns bereits Aufschluss über die Bedeutung, nämlich dass bestimmte Ereignisse auftreten, weil sich Menschen miteinander „verschworen" haben. Dass also die Corona-Pandemie auftreten konnte, sei zum Beispiel die Schuld von Bill Gates und seiner Frau Melinda, die sich gegen die Menschheit verschworen hätten – glaubt zumindest Hannah. Wie will Hannah dies beweisen? Das ist für sie selbst aber gar nicht relevant; viel wichtiger ist die Frage: Wie will Marie das widerlegen?

Hanna sucht „Beweise" im Internet und baut ihre unabweisbaren Vermutungen in ein für sie schlüssiges Konstrukt, eine Art „Pseudotheorie" ein, die die aktuelle Corona-Pandemie für sie nachvollziehbar erklären kann. Denken Sie nur einmal an Marian und Sananda. Ihre Anhängerschaft war trotz eindeutiger Beweise nicht von ihrem „Glauben" abzubringen.

Damit man Verschwörungsmythen von einer wissenschaftlichen Theorie unterscheiden kann, muss man drei Kriterien prüfen:

1. Die Verschwörungsmythen stehen im **Kontrast zur offiziellen Version von Wahrheit**. Wir haben das Narrativ der angestrebten Weltherrschaft von Bill Gates auf der einen Seite und die wissenschaftliche Theorie der Pandemie durch das neuartige Corona-Virus auf der anderen.

Als der ehemalige US-amerikanische CIA-Mitarbeiter Edward Snowden im Juni 2013 behauptete, der US-Geheimdienst CIA würde weltweit umfassende Überwachung und Spionage via Internet und Telekommunikation betreiben, war der Aufschrei groß und transnational. Die einen hielten Snowden für einen Hochstapler und Verschwörungsmythiker, die anderen für einen „Whistleblower", endlich jemand, der sich traut, die Wahrheit zu sagen. Bis zu diesem Zeitpunkt hat auch Edward Snowden dieses Kriterium für eine Verschwörungserzählung erfüllt. Seine Theorie des globalen Überwachungsapparats stand bis dato im Gegensatz zur öffentlich anerkannten Meinung von der staatlichen Zurückhaltung bei der Überwachung. Doch Edward Snowden sollte mit seiner Vermutung recht behalten: Die globale Überwachung war und ist Wirklichkeit. Recherchen verschiedener Staaten konnten Snowdens Theorie bestätigen, die sich somit von einem vermeintlichen Verschwörungsmythos zu einer beweisbaren Theorie wandelte.

Damit wir nicht in diese Falle bei der Erkennung von Verschwörungserzählungen tappen, müssen wir ein weiteres Kriterium heranziehen:

2. Verschwörungsmythen gehen davon aus, dass sich **mehrere Menschen zu einer Gemeinschaft zusammengeschlossen haben**, um ein bestimmtes Ziel zu erreichen.

Hannah geht von der Verschwörung seitens Bill Gates und dessen Frau Melinda aus, die das Ziel verfolgen, die Weltherrschaft an sich zu reißen. Auch im Falle von Edward Snowden ging die Verschwörungserzählung um, Snowden sei ein Verbündeter Russlands, der die vermeintlichen Enthüllungen dazu nutzen möchte, um gemeinsam mit Russland den USA zu schaden. Auch dieses Kriterium erlaubt wieder keine eindeutige Erkennung von

Verschwörungsmythen, denn auch Snowden, der mit Russland angeblich gemeinsame Sache machte, kann mit diesem Kriterium als ein Verschwörungsmythiker bezeichnet werden.

3. Verschwörungsgläubige nehmen **ihre eigene Theorie als illegitim oder illegal** wahr.

Hannah weiß also, dass die Erzählungen über die Weltherrschaft von Bill Gates in der Öffentlichkeit nicht anerkannt sind. Umso mehr hütet sie sich davor, ihre Meinung offen zu äußern. Lediglich in den Internetforen, in denen Hannah auf Gleichgesinnte trifft, traut sie sich, unter einem anonymen Benutzernamen (und nicht mit ihrem Klarnamen) ihre Meinung kundzutun. Wenn sie mit den Leuten an ihrer Arbeitsstelle spricht, macht sie lediglich vage Andeutungen oder hüllt sich in Schweigen. Die anderen verstehen sie doch sowieso nicht! Der Zusammenhalt innerhalb der Gruppe der Verschwörungsgläubigen wird dadurch umso stärker. Wir, die wenigen, die die Wahrheit kennen, gegen die da oben, die nicht wollen, dass alle die Wahrheit kennen!

Ähnlich war es auch im Falle von Edward Snowden: Snowden wusste um die Wirkung seiner Geschichte, denn seine Flucht war bereits von ihm im Voraus geplant. Nach den Enthüllungen zur Spionageaffäre war er wochenlang auf der Flucht, da er durch die US-Regierung wegen Spionage angeklagt worden war. Der ehemalige CIA-Direktor forderte für Snowden sogar die Todesstrafe wegen Hochverrats. Und auch hier klingt wieder durch: Ich, Edward Snowden, ein Mann gegen die da oben, die nicht wollen, dass alle die Wahrheit kennen! Schließlich hat es Snowden geschafft, sich nach Russland abzusetzen.

Es ist nicht immer so eindeutig und einfach, Verschwörungsmythen von wissenschaftlichen Theorien zu unterscheiden. Wir können aber festhalten, dass es bei Vorliegen aller drei Kriterien ziemlich wahrscheinlich ist, dass es sich um einen Verschwörungsmythos handelt. Im Falle von Edward Snowden wird allerdings trotzdem das Gegenteil deutlich: Alle drei Kriterien wiesen bei den Enthüllungen um die CIA auf eine Verschwörungserzählung hin, trotzdem entsprach seine Geschichte letztlich der Wahrheit. Die drei Kriterien sind also nicht immer für alle Fälle gültig, denn: Die Welt, in der wir leben, ist vielfältig und facettenreich – Ausnahmen bestätigen also die Regel! Wir müssen daher unsere drei Instrumente zum Nachweis einer Verschwörungserzählung um ein weiteres Instrument ergänzen: die **Nachprüfbarkeit**.

Eine Theorie ist erst dann wissenschaftlich, wenn sie mit wissenschaftlichen Methoden bewiesen werden kann. Und das kann sicherlich schwierig sein. Man denke nur an Snowden, der jahrelang gegen die Politik und die Justiz kämpfte, um diese von seinen Erfahrungen zu überzeugen. Doch letztlich zahlte sich sein Kampf aus. Die breite Öffentlichkeit konnte von der Wahrheit des Spionageapparats überzeugt werden.

Unsere Hannah könnte nun einiges davon anwenden. Sie könnte sich durch Überprüfen von Fakten und durch das Lesen anderer Meinungen schließlich ihre eigene Meinung bilden – und nicht nur die Meinung anderer übernehmen. Denn dass sich Hannah nur auf Internetforen herumtreibt, in denen Verschwörungsmythen frei zirkulieren und deren User*innen sich über ihre krudesten Ideen austauschen, ist für die Herausbildung einer wirklich „eigenen" Meinung sicherlich nicht förderlich. Nur das zu glauben, was andere sagen, und im Falle von Hannah das nachzubeten, was die Verschwörungserzähler*innen über Bill Gates sagen, ist objektiv betrachtet ziemlich naiv.

Der Meinungswandel von Hannah hin zur Verschwörungsgläubigen ist mitnichten ein Einzelfall. Wie Sie vielleicht schon selbst bei sich im Rahmen der Corona-Krise erkennen konnten, ist es schwierig zu entscheiden, wem man glauben soll. Nicht umsonst ist die Zahl der Verschwörungsgläubigen während der Corona-Krise so angestiegen. Dabei scheint diese Zahl so hoch gegangen zu sein wie die Zahl der einzelnen Verschwörungserzählungen: von der angestrebten Weltherrschaft des Bill Gates, die Verschwörung um Greta Thunberg und sogar über Kinder, die scheinbar im Untergrund leben, damit deren Blut für die Heilung von COVID-19-Patient*innen verwendet werden kann. Der Fantasie scheinen in diesen Zeiten keine Grenzen gesetzt zu sein. Das Bedürfnis nach Welterklärung wirkt unstillbar, das Vakuum an Erklärungsmöglichkeiten möchte gefüllt werden. Die mediale Jagd um die Verschwörungsmythen beginnt, während womöglich weitere Infektionswellen leise auf uns zurollen.

3. Corona – eine Frage der Macht

Und wieder eröffnen wir einen Schauplatz für das wilde Treiben der Verschwörungserzähler*innen: Von der Entwicklung des Virus in einem chinesischen Labor, um die Weltherrschaft zu erlangen, über den Angriff von außerirdischen Kräften bis hin zu einem göttlichen Ursprung, um die Menschheit für ihre Vergehen zu bestrafen – die Erzählungen sind kreativ und vielfältig. Historisch betrachtet ist es aber weitaus eintöniger: Alle Seuchen, mit denen die Menschheit bisher zu kämpfen hatte, sind gesellschaftlichen Ursprungs. Sie sind demnach entstanden, weil sich die Gesellschaft in einer Weise verhalten hat, die die Ausbreitung der Seuchen überhaupt erst ermöglicht hat – und immer weil der Mensch in einer inadäquaten Weise in die Natur eingegriffen hatte.

Man denke beispielsweise an das Ebola-Virus, das vom Flughund übertragen wurde, oder an das SARS-Virus, das von der Schleichkatze und der Fledermaus stammt. Niemand möchte sich in der Regel, solange es nicht eindeutig wissenschaftlich gesichert ist, auf eine Theorie zur Erklärung des Corona-Virus bzw. Sars-CoV-2 versteifen. Eine derartige theoretische Engstirnigkeit verunmöglicht einen Weitblick. Allerdings kommt man auch nicht umhin, die Theorie von der Entstehung des Corona-Virus auf dem Tiermarkt in Wuhan jetzt für wahrscheinlicher zu halten.

Ende des Jahres 2019 konnten wir das erste Mal in den Medien vom neuartigen Corona-Virus hören. In Wuhan werden sogenannte Nassmärkte abgehalten, auf denen die Kundschaft noch lebendige oder kurz vor dem Verkauf geschlachtete Tiere kaufen kann. Allerdings stehen diese Märkte seit längerem schon in der Kritik, denn die mangelnde Hygiene war bereits in der Vergangenheit für einige Epidemien verantwortlich, Stichwort: menschlicher Eingriff in die Natur. Bis heute kann die Herkunft des neuartigen Corona-Virus nicht sicher auf diesem Tiermarkt verortet werden. Wenn diese Theorie jedoch stimmen sollte, ist wiederum sicher, dass auch diese Pandemie auf menschliches Handeln zurückzuführen ist. Die Geschichte würde sich wiederholen.

Ende 2019 war allerdings noch nicht klar, dass dieses vermeintlich lokale Phänomen zu einem globalen Problem avancieren würde. Infolge der Pandemie wurden die Menschen täglich mit der Maskenpflicht konfrontiert, und es wird noch Jahre mit den Folgen zu kämpfen sein. Die Menschen spüren das auch.

Nur wenigen Menschen war das Ausmaß der Pandemie zu Beginn der Krise klar, viele dachten, der Spuk wäre nach 3 bis 6 Monaten wieder vorbei. Heute wissen wir, dass diese Einschätzung deutlich nach oben korrigiert werden musste. Allein die Auswirkungen auf die Weltwirtschaft werden wir laut Ökonomie-Expert*innen noch mindestens 2 Jahre spüren. Die durchschnittliche Schätzung der Pandemie-Dauer lag Anfang Mai 2020 dann immerhin schon bei 18 Monaten, auch weil viele Expert*innen erstmals öffentlichkeitswirksam ihre Prognosen abgaben, die teils deutlich vom allgemeinen Konsens abwichen (siehe Anhang). Gegen Ende März wurden dann in einigen Teilen Deutschlands die Maßnahmen wieder gelockert, was den Optimismus bei der Einschätzung wieder etwas ansteigen ließ.

Doch nicht nur die Teilnehmer*innen der Umfrage gehen davon aus, dass die Corona-Pandemie noch länger andauern wird als zunächst gedacht, auch viele Wissenschaftler*innen prognostizieren laufend, dass wir noch lange mit dem Virus zu kämpfen haben werden. Doch woran liegt es eigentlich, dass Seuchen so zäh und schwierig zu bekämpfen sind, dass die Wissenschaft hinsichtlich einer schnellen Verbesserung der Corona-Situation so pessimistisch ist? Es liegt an der Spezifik des Virus.

Die Corona-Pandemie aus der Perspektive des Virus

Ein Virus ist kein Lebewesen, es kann nicht aus eigener Kraft überleben. Es hat aber einen Mechanismus entwickelt, mit dem es mithilfe anderer Lebewesen überleben kann. Man bezeichnet Viren daher auch als Parasiten, oder umgangssprachlich „Schmarotzer". Sie kennen sicherlich so einen Freund, der zum Beispiel bei einem Clubbesuch nie Geld dabei hat und sich von Ihnen oder anderen Leuten seine Drinks ausgeben lässt.

Gehen wir nun davon aus, dass das Virus auf dem Tiermarkt übertragen wurde, also von einem Tier stammte. Die Übertragung vom Tier auf den Menschen, die man auch als „Zoonose" (Conover & Vail 2015) bezeichnet, ist allerdings wissenschaftlich noch nicht eindeutig gesichert. Wir müssen daher diesen Teil der Theorie noch im Dunkeln lassen und einen Schritt später ansetzen, nämlich bei der Übertragung des Virus von Mensch zu Mensch.

Im Falle des Corona-Virus geschieht das hauptsächlich via Tröpfcheninfektion. Durch virushaltige Tröpfchen, die über die Nase, den Mund und die Augen an die Schleimhäute gelangen können, steckt man sich in der Regel an. Dies kann zum Beispiel bei einem Gespräch mit einer infizierten Person geschehen oder auch, wenn jemand niest oder hustet. Daher rührt auch der Mindestabstand von 1,5 Metern zu anderen Menschen. Ein weiterer Infektionsweg ist die Schmierinfektion, bei der das Virus über die Hände übertragen wird. Eine infizierte Person fasst sich beispielsweise mit ihren Händen ins Gesicht, berührt dabei die Augenbindehaut, die Mund- oder die Nasenschleimhaut. So kann zum Beispiel auch über das Händeschütteln das Virus weiterverbreitet werden. Eine weitere mögliche Verbreitungsart sind die sogenannten Aerosole, die das Virus enthalten. Aerosole sind winzige Tröpfchenkerne (kleiner als 5 Mikrometer), die in der Luft schweben und so über den normalen gesellschaftlichen Umgang übertragen werden können. Schließlich ist auch eine Oberflächenübertragung durch erkrankte Personen möglich, da auch Viren im Stuhl infizierter Personen gefunden wurden. Ein Teil der Corona-Viren wird nur eine gewisse Zeit lang bestehen können, da das Virus nicht unter allen Bedingungen existieren kann. So gibt es beispielsweise auch Viren, die allein durch extreme Hitze, Kälte oder UV-Strahlung Schaden nehmen können.

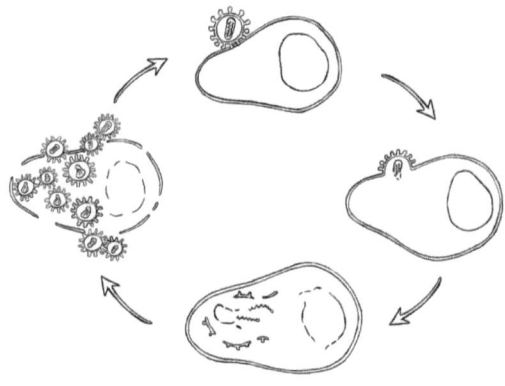

Ein Teil der Viren hat es nun aber geschafft, einen neuen „Wirt" zu ergattern, denn das Virus wurde durch Person Y eingeatmet, die neben Person X stand, die gerade nieste. Nun wird der Prozess der Virusvermehrung in Gang gesetzt. Da das Virus eben nicht allein überleben kann, nutzt es andere Zellen: So dockt es an menschliche Zellen an und zwingt diese, seine Virusbestandteile zu produzieren. Dazu verfügt das Virus über eine Art „Spritze", mit dem es seine RNA in die der Zellen injiziert. Die menschliche Zelle baut die virale RNA dann in ihre DNA ein. Wenn die menschliche Zelle arbeitet, liest sie wie aus einem Handbuch den RNA-Strang ab, wo geschrieben steht, was sie zu tun hat. Doch durch den Einbau des viralen Strangs hat die Zelle plötzlich eine neue Aufgabe, nämlich genau diejenigen Bausteine zu produzieren, die das Virus eben auch braucht: das Virus als der Herr, der die Zelle, den Knecht, dazu zwingt, das zu tun, was es will. Die Zelle produziert nun viele Viren, und zwar so lange, bis die Zellwand aufbricht und das Virus freigesetzt wird. Person Y kann durch ihren nächsten Nieser das Virus wieder weiterverbreiten – ein prinzipiell unendlich wiederholbarer Vorgang, der erst dann ein Ende findet, wenn das menschliche Immunsystem eine passende Antwort in Form einer Immunabwehr darauf gefunden hat – oder wenn es ein Gegenmittel gibt, nach dem sich die ganze Welt so sehr sehnt.

Das neuartige Corona-Virus

Nur weil Person Y infiziert ist, heißt das noch lange nicht, dass sie sich auch krank fühlt, also Symptome einer Corona- bzw. Sars-CoV-2-Infektion spürt. Es ist nämlich möglich, selbst infiziert und ein Überträger des Virus zu sein, ohne das überhaupt zu merken. Man spricht hier von einem asymptomatischen Verlauf. In dieser Zeit ist es umso wahrscheinlicher, andere Personen mit dem Virus zu infizieren, denn wovon man nichts weiß, das kann man auch nicht verhindern. Hat Person Y also keine Kenntnis von ihrer Infektion, ist die Wahrscheinlichkeit hoch, dass sie weniger auf die Hygienemaßnahmen achtet, womit sich wiederum die Wahrscheinlichkeit einer Übertragung erhöht. Nach einer Ansteckung können bis zu 14 Tage vergehen, bis Anzeichen der durch das Virus hervorgerufenen Krankheit auftreten – sofern es überhaupt zu Symptomen kommt; im Durchschnitt liegt die Inkubationszeit bei 5 bis 6 Tagen. Die Spannweite liegt bei 1 bis 14 Tagen.

Die Erforschung des Virus

Zu Beginn der Pandemie waren noch nicht alle Symptome von Sars-CoV-2 bekannt. Mittlerweile wurde dieses Virus genauer erforscht, jedoch immer noch nicht vollständig. Langzeitfolgen sind zum Beispiel noch immer nicht bekannt. In den meisten Fällen sind Husten und Fieber Krankheitsanzeichen, ebenso Halsschmerzen, Atemnot, Kopf- und Gliederschmerzen und der plötzliche Verlust des Geschmacks- und Geruchssinns.

Das sind aber alles Symptome, die auch bei einer gewöhnlichen Grippe auftreten können. Jemand, der Halsschmerzen hat, muss nicht zwangsläufig mit dem Corona-Virus infiziert sein, man kann auch einfach eine originäre Grippe haben. Die Symptomatik von COVID-19 liefert daher keine eindeutigen Anzeichen einer Zuordnung zu einer Krankheit. Erschwert wird diese Problematik dadurch, dass die Symptome des neuartigen Corona-Virus in ihrer Stärke erheblich variieren können. Die Krankheitsanzeichen können von Symptomlosigkeit bis hin zu schweren Lungenentzündungen reichen. Wenn jemand Atemnot empfindet, wird er oder sie sicherlich schnellstmöglich ärztliche Hilfe aufsuchen. Tut man das aber auch, wenn man lediglich ein leichtes Kratzen im Hals verspürt? Ist man einmal infiziert, besteht ein Risiko für alle anderen, unabhängig davon, wie stark die eigenen Symptome wahrgenommen werden.

Virus

Was ist eigentlich ein Virus? Nicht mal ein Lebewesen!

Es gibt verschiedenste Viren, die uns alle unterschiedlich stark angreifen. Lippenherpes, HIV, Masern, Röteln und auch Leberentzündung werden durch verschiedene Viren ausgelöst.

Viren sind 100-mal kleiner als Bakterien. Wären wir ein Virus, dann wäre das Verhältnis so, als wenn wir (in diesem Fall das Virus) vor 130 gestapelten Autos (in diesem Fall das Bakterium) stünden. In genauen Maßeinheiten, Viren sind zwischen 20 und 300 Nanometer groß. Ein Meter besteht aus 1.000.000.000 Nanometern. Zusammengefasst: Bakterien sind winzig, aber Viren sind die Steigerung von winzig. Sie können nicht durch ein normales Mikroskop gesehen werden, hierfür behilft man sich in der Regel mit einem Elektronenmikroskop. Und über diese kleinen Teilchen, die nicht einmal Lebewesen sind, unterhält sich gerade die ganze Welt.

Viren zählen offiziell in der Wissenschaft nicht als Lebewesen, da sie keine eigene Energiegewinnung bzw. keinen eigenen Stoffwechsel haben.

Es gibt unterschiedlichste Viren, aber nicht alle machen uns Menschen automatisch krank. Unser Immunsystem kann viele Viren sofort mit Erfolg bekämpfen, jedoch nicht immer alle. Viren bestehen aus einem oder auch mehreren Molekülen, manche davon sind von einer Eiweißhülle umgeben. Diese Moleküle enthalten die DNA oder RNA, also das Erbgut für die Vermehrung. Viren brauchen für ihre Vermehrung immer eine Wirtszelle. Kommt ein Virus in unseren Körper, verfolgt es einzig das Ziel, sich zu vermehren. Im ersten Schritt dockt es an die Wirtszelle an, in die es daraufhin sein Erbgut gibt. Nun bringt das Virus die Wirtszelle dazu, alle Bausteine für das Virus selbst herzustellen. Wenn dieser Schritt beendet ist und die neu produzierten Viren fertiggestellt sind, brechen sie aus ihrer Wirtszelle aus und zerstören diese. Dies passiert ununterbrochen, bis das Virus seine eigene Armee in einem fremden Körper aufgebaut hat, um nun komplett gegen das Immunsystem zu kämpfen. Wirtszellen können rote und weiße Blutkörperchen, Leberzellen oder auch Muskelzellen sein.

Doch was hilft uns Menschen eigentlich in diesem Kampf? Antivirale Medikamente sind in der Regel nur bei speziellen, vereinzelten Virusarten hilfreich, also nicht flächendeckend wie Antibiotika bei Bakterien. Zurzeit hilft am besten das körpereigene Immunsystem. Unermüdlich kämpft es gegen das Virus. Ist der Kampf gewonnen, ist man in der Regel immun gegen diesen Viruserreger.

Wir verstehen nun, warum die Wissenschaftler*innen bei der Bekämpfung des Corona-Virus so auf die Reproduktionszahl setzen, denn diese lag beim neuartigen Corona-Virus SARS-CoV-2 zwischen 2,4 und 3,3. Das heißt, dass eine infizierte Person mindestens zwei weitere mit dem Erreger angesteckt hat. Dieser Wert lässt sich nur durch Gegenmaßnahmen eindämmen. Wenn R größer als 1 ist, dann steigen die täglichen Neuinfektionen; bei einem Wert unter 1 sinken sie. R wird mit den bestätigten Erkrankungsfällen bestimmt. Dieser Faktor, die täglichen Neuinfektionen und auch die Schwere der Krankheit sind wichtig bei der Entscheidung, welche Maßnahmen getroffen werden.

Ab Februar 2020 sprach die WHO bei SARS-CoV-2 von einer Pandemie; eine Pandemie ist eine sich weltweit ausbreitende Epidemie. Und eine Epidemie wiederum ist eine ungewöhnliche zeitliche und örtliche Häufung einer Erkrankung. Der Unterschied zwischen einer Epidemie und einer Pandemie ist also, dass die Pandemie nicht mehr räumlich begrenzt ist, zum Beispiel nur auf ein Land oder eine Region. Eine Seuche, die die Charakteristika einer Epidemie aufweist, aber zeitlich unbegrenzt ist, wird Endemie genannt.[3]

Bei Epidemien, Endemien oder Pandemien handelt es sich um Infektionskrankheiten.

Art	Räumlich	Zeitlich
Epidemie	räumlich begrenzt	zeitlich begrenzt
Endemie	räumlich begrenzt	zeitlich unbegrenzt
Pandemie	räumlich unbegrenzt	zeitlich begrenzt

---

[3] Um Begriffsverwechslungen zu vermeiden: Endemische Tierarten haben nichts mit Viren zu tun, sondern der Begriff bezieht sich auf Tierarten, die es nur in bestimmten Regionen gibt, wie zum Beispiel Kängurus, die es nur in Australien gibt. Daher gelten dort auch strenge Ein- und Ausfuhrregelungen.

4. Das normale Vorgehen bei unterschiedlichen Sichtweisen

Etwa 400 vor Christus ...

„Fünf Münzen für diese Kette. Fünf?"

„Allerhöchstens drei Münzen!"

„Drei? Sie haben den Wert der Kette nicht begriffen! Das Handwerk dauerte mehrere Wochen, die Zutaten sind feinste Ware. Nein, fünf!"

„Halsabschneider! Sie sind der größte Betrüger in ganz Athen!"

„Althaia, was ist denn los? Euch hört man ja durch alle Gassen Athens!"

„Der Halsabschneider will fünf Münzen für diese Kette haben, aber nur weil er weiß, dass ich sie benötige."

„Wieso nennst du meinen Mann einen Halsabschneider?"

„Ach, sieh da, der Halsabschneider hat sogar eine Halsabschneiderin als Frau."

„Ja, richtig, und ich würde dir die Kette für sieben Münzen verkaufen!"

So ging es hin und her, bis schließlich Thales vorbeikam, ein stadtbekannter Philosoph, damals auch Sophist genannt.

„Thales, gut, dass du da bist! Wir haben ein Problem. Meine Nachbarin Althaida möchte diese Kette für drei Münzen haben, der Händler wollte ursprünglich fünf Münzen dafür haben und seine Frau nun sieben. Ich sehe es wie Althaida und würde nur drei bezahlen. Was denkst du, wer von uns recht hat? Welche Münzenanzahl entspricht dem wahren Wert? Welcher ist die Wahrheit?"

„Ihr alle habt recht und ihr alle vertretet eure Wahrheit", sagte Thales und ging des Weges. Nun schauten sich alle an, nach diesen weisen Worten waren sie erst einmal sprachlos. Das ging so eine Weile. Doch plötzlich sprachen wieder alle durcheinander. „Was ist denn hier los?", fragte nun ein vorbeieilender Mann mit lichtem, weißem Haar und Vollbart. Es war Sokrates. Nein, nicht schon wieder so einer, dachten sich alle insgeheim. Aber Sokrates hörte, wie sie stritten und auch welchen Rat sein Vorgänger ihnen gab. Alle sollten ihre eigene Wahrheit haben? Nein, es musste eine allgemeingültige Wahrheit geben, dachte er. Eine, die für alle bindend und zielführend ist. Als Methode hatte er die sogenannte Mäeutik im Kopf. Um zu verstehen, was sich hinter dem Begriff „Mäeutik" verbirgt, muss man einen Blick in Sokrates' Leben werfen – genauer gesagt in das Leben von Sokrates' Mutter. Sie war Hebamme und hat die Technik, die Sokrates entwickelt hat, mit dem Geburtsvorgang verglichen: Die Mäeutik, übersetzt die „Hebammenkunst", war sprichwörtlich geboren. Wie bei einer normalen Geburt sind bei der Mäeutik die gebärende Person und eine Hebamme beteiligt. Das Kind, das geboren werden soll, ist die Erkenntnis. Sokrates geht davon aus, dass die gebärende Person die Erkenntnis bereits in sich trägt, diese nur noch nicht geboren hat. Bis zu dem Zeitpunkt, an dem das Kind bzw. die Erkenntnis das Licht der Welt erblickt hat, ist die gebärende Person unwissend und damit noch lernend. Damit das Kind zur Welt kommen kann, ist die Hebamme notwendig. Sie ist diejenige, die hierfür die richtigen Methoden und Techniken besitzt. Sie hat also gegenüber der gebärenden Person einen Wissensvorsprung. Die Hebamme weiß, dass in der gebärenden Person die Erkenntnis verborgen liegt, die nur noch nicht ans Licht gekommen ist. Um dem Lernenden bei der Erkenntnisgewinnung zu helfen, wendet die Hebamme die Methode des Fragenstellens an. Sie stellt dem Lernenden genau solche Fragen, die die richtige Erkenntnis aus ihm herauskitzeln – denn die Erkenntnis existiert bereits, sie ist nur noch nicht geboren worden. Um also aus dem Lernenden die Erkenntnis herauszukitzeln, muss die Hebamme in zwei Schritten vorgehen, die aufeinander aufbauen.

Den ersten Schritt bildet die sogenannte **Elenktik**, die **„Kunst der Überführung"**. Die Hebamme hinterfragt den Lernenden hierbei in seiner Meinung. Sie versucht so, den Lernenden zu überführen und ihm zu sagen: Du weißt nicht alles! Sie versucht, dem Lernenden die Tür zu einem neuen Wissenshorizont aufzustoßen. Sie zeigt ihm, dass es Erkenntnisse gibt, die außerhalb seines bisherigen Wissens liegen. Mit diesem ersten Schritt ist der Lernende verunsichert: Mein bisheriges Wissen ist nicht umfassend. Es gibt viele Dinge, die ich nicht weiß. Ich zweifle an meinem eigenen Wissen.

Schauen wir uns den Streit um den wahren Wert der Kette einmal genauer an: Die drei Streitparteien mit ihren Geboten von drei, fünf und sieben Münzen beurteilen den Wert der Kette jeweils aus ihrer Perspektive. Man könnte es also mit Thales halten: „Jeder hat seine eigene Wahrheit." Die Kundin mit dem niedrigsten Gebot hat wenig Geld und möchte für den Tageslohn von fünf Münzen noch zwei Münzen für Brot ausgeben. Der Verkäufer fordert allerdings fünf Münzen, weil er weiß, dass die Kundin die Kette unbedingt benötigt, und aus ihrer Notsituation Profit schlagen möchte. Die Frau des Verkäufers hingegen fordert noch mehr ein: sieben Münzen, weil sie sich ein neues Kleid wünscht. Mit dieser Herangehensweise konnte bisher noch keine Erkenntnis und kein Verständnis gewonnen werden. Die Streitparteien werden sich nicht einigen können: Am Ende besitzt der Verkäufer noch seine Kette und keine Einnahmen, die Frau kein Kleid und die Kundin keine Kette. Die Ware konnte nicht getauscht, geschweige denn der wahre Wert der Kette ermittelt werden.

Mit der Hebammenkunst des Sokrates kommen wir hierbei allerdings einen Schritt weiter. Dass Sokrates die Szene beobachtet hat, ist hilfreich für unsere Frage, welchen Wert die Kette wirklich hat: Die drei könnten sich nun zu einem gemeinsamen Gespräch versammeln. Eine Person muss zwischen diesen dreien allerdings vermitteln, da die Perspektiven ungehindert aufeinanderprallen.

Sokrates fragte die Kundin: „Wieso willst du diese Kette kaufen?" Sie erwidert: „Weil ich sie für mein Gewand passend finde und es die einzige Kette ist, die mir tatsächlich zusagt." Sokrates stellt die Frage des Motivs für seine Haltung nun auch dem Verkäufer. Dieser gab in verschachtelten Sätzen mehr oder minder zu, dass er die Situation der Kundin ausnutzen wollte. Schließlich gesteht auch die Frau des Verkäufers ein, dass sie den potenziellen Gewinn für ein neues Kleid ausgeben möchte. Alle drei können nun die Situation aus der Perspektive des jeweils anderen sehen. So versteht nun der Kunde, dass sich der Verkäufer auch nur seinen Lebensunterhalt verdienen muss, und der Verkäufer versteht, dass der Kunde nur begrenzt Geld für die Kette übrig hat. Sie sind nun alle drei durch das Nachfragen von Sokrates ihres Nichtwissens überführt worden. Aus unseren drei Kontrahenen sind nun drei Nachdenker geworden: Brauche ich wirklich ein Brot, ein Kleid, eine Kette? Kann ich wirklich nicht mehr als drei Münzen ausgeben? Muss ich wirklich die Not des anderen ausnutzen? Eine Einigung ist allerdings mit diesem ersten Schritt noch nicht erreicht.

Nun bedarf es noch eines zweiten Schritts, der sogenannten **Protreptik**, der **„Kunst der Hinwendung"**. Sie soll der lernenden Person helfen, durch weiteres Nachfragen schließlich zur für sie richtigen Erkenntnis zu gelangen. Dem liegt wieder die Annahme aus dem Geburtsbeispiel des Sokrates zugrunde, dass sich die Erkenntnis bereits im Lernenden befindet und nur noch nicht das Licht der Welt erblickt hat.

Jede der drei Streitparteien trägt also die richtige Erkenntnis bereits in sich und alle drei zweifeln an ihrer Meinung. Eine gute Grundlage also, denn die ursprünglich verhärteten Fronten sind nun aufgeweicht. Auf dem Weg zur Erkenntnis schlägt Sokrates drei Methoden vor, die die Geburt der Erkenntnis befördern können:

1. Mit der Methode der **Ironie** soll der Gesprächspartner durch geschickt gestellte Fragen in Widersprüche verwickelt werden. So stellt sich vielleicht heraus, dass die Kundin mehr als fünf Münzen am Tag verdient und den Verkäufer belogen hat, um über sein Mitleid einen geringeren Preis für die Kette zu erschleichen. Oder die Frau des Verkäufers braucht die sieben Münzen nur deswegen, weil sie Schulden hat, die sie ihrem Mann verheimlichen möchte.

2. Die Methode der **Induktion** versucht, an Situationen des alltäglichen Lebens anzuknüpfen und diese an allgemeinere Situationen zurückzubinden. So stellt Sokrates am Ende der Kundin die Frage: „Würdest du deinem Kind das Lügen beibringen?" Und die Frau des Verkäufers fragt er: „Wie lange wirst du deinem Mann die Schulden noch verheimlichen können?"

3. Die Methode der **Definition** schließlich versucht, aus der konkreten Situation eine allgemeine Begriffsdefinition zu machen. Sokrates fragt die Kundin: „Würde jeder Kunde – so wie du – den Verkäufer betrügen, wem könnte der Verkäufer dann noch einen fairen Preis anbieten?" Den Verkäufer fragt Sokrates: „Würde jeder Verkäufer – so wie du – die Notsituation der Kunden ausnutzen, könnten sich die Kunden dann überhaupt noch etwas kaufen?" Die Frau des Verkäufers fragt Sokrates: „Würden alle so hohe Schulden wie du anhäufen, würde dann überhaupt noch Geld verliehen werden?"

Auf welchen Wert sich die drei schließlich einigen, können wir als außenstehende Beobachter des Konflikts nicht herausfinden. Denn nicht in uns liegt die Erkenntnis begraben, sondern in den Beteiligten des Konflikts. Sie sind diejenigen, aus denen Sokrates die Erkenntnis durch gezieltes Nachfragen herauslocken möchte. Wir können das Beispiel von der Hebammenkunst aus der Antike aber sehr wohl für unseren Umgang mit den heutigen Mitmenschen, Alternativtheoretiker*innen oder eben Verschwörungsmythiker*innen nutzen. Wie kann uns diese eine Methode aus dem 4. Jahrhundert v. Chr. helfen, Hannah mit ihrer Verschwörungserzählung von Bill Gates zu konfrontieren?

Nun, man könnte die Fragetechnik des Sokrates nutzen, um Hannah aus ihrem Gedankengebäude von der Verschwörung um Bill Gates herauszureißen. Denn das ist wahrlich nicht einfach: Das Präventionsparadox hat ein Vakuum an Erklärungsmöglichkeiten geschaffen, das wie ein schwarzes Loch aus dem Weltraum alle möglichen Erklärungen für die Corona-Pandemie aufsaugt. Hannah kann sich nun mit den Verschwörungserzählungen um Bill Gates diese Welt erklären. Das Problem an Verschwörungsmythen ist jedoch, dass sie stark vereinfachen. Für Hannah ist es sicherlich einfacher, die Ursachen und Wirkungen der Corona-Pandemie auf das Machtstreben eines ohnehin schon reichen Milliardärs zu schieben. Der Gedanke lautet wie folgt: Ein reicher Milliardär – der nach noch mehr Macht und Geld strebt – will mittels einer Impfpflicht nun die Weltherrschaft an sich reißen. Schwieriger zu verstehen ist die Version der öffentlichen Medien: Ein seltenes Virus konnte sich auf noch ungeklärte Weise über China bis nach Europa ausbreiten und hält schließlich die ganze Welt in Atem. Welche Maßnahmen sinnvoll sind und wie in Zukunft eine weitere Pandemie verhindert werden kann, ist unklar. Die Gedankenkette lautet hier: unklare Ursache – unklare Folgen – unklare Zukunft. Die einfache Erklärung der Pandemie von Hannah im Stil eines Ursache-Wirkungs-Schemas ist einleuchtender als die komplexe Erklärung der öffentlichen Medien. Schwarz-Weiß-Denken, das Sicherheit schafft, auf der einen Seite und kunterbuntes Denken, das Unsicherheit schafft, auf der anderen! Lieber sicher sein, dass Bill Gates ein Unsicherheitsfaktor für die Menschheit ist, als unsicher sein, weil nichts auf der Welt sicher ist!

Die kognitive Dissonanz befeuert die Gedankenwelt der Verschwörungsgläubigen immens. Sie schafft es, dass Hannah immer denkt, sie habe recht. Denn sobald sie ihre Arbeitskolleg*innen damit konfrontieren, dass auch ein Bill Gates keinen Impfstoff gegen das Corona-Virus aus der Mütze zaubern kann, kontert Hannah prompt: Bill Gates hat bereits 2015 bei einem Auftritt beim Forum „TED Talk" darauf hingewiesen, dass eine Epidemie ungeahnten Ausmaßes auf uns zurollen wird. Er hatte also genug Zeit, um mit seinen Verbündeten einen Impfstoff zu entwickeln! Außerdem will er ja keinen Impfstoff, sondern uns mit einem Mikrochip versehen, der in der vermeintlichen Impfung ist. Und da passiert nun etwas Typisches für Verschwörungsmythiker*innen: Sie befeuern Theorie über Theorie, ähnlich wie ein Kind, das den ganzen Spielkarton umkippt und sich wahllos Spielsachen greift. Verschwörungsmythiker*innen greifen nach den Ästen, die ihnen im Corona-Strudel entgegenschwimmen. Man käme in einer direkten Diskussion nicht mehr hinterher. Wir sind also gezwungen, auf die über zweieinhalbtausend Jahre alte Technik von Sokrates zurückzugreifen. Denn sonst befinden wir uns in einer Spirale aus unendlichen Begründungen. Hannah wird alle Fakten und Behauptungen, die gegen ihre Theorie sprechen, durch ihr bereits bestehendes „Theoriegebäude" aus Verschwörungserzählungen um Bill Gates widerlegen oder ignorieren.

Gegen dieses Schwarz-Weiß-Denken hat man keine Chance! Denn sagt man, das sei grün, entgegnet Hannah, das es weder schwarz noch weiß sei und damit für sie nicht interessant. Ein infiniter Regress also. Das führt zu nichts.

Umso wichtiger ist es, diesen Personen einen Anker zuzuwerfen, und zwar einen sokratischen. Wir müssen diesen Personen über gezieltes Fragenstellen klarmachen, dass sie sich in einem Erklärungshohlraum befinden, dass die Funktionsweise von Verschwörungsmythen eben genau jene ist, die dazu führt, dass Hannah nichts mehr wahrnehmen kann, was sich jenseits ihrer schwarz-weißen Welt befindet. Wir müssen sie also im Gespräch zur Selbstreflexion zwingen. Wir sind nicht zwangsläufig diejenigen, die die absolute Wahrheit besitzen; wir sollten diejenigen sein, die die Dinge in ihrer Gänze betrachten und eben nicht wie Hannah partiell in einzelnen Ausschnitten, die wahllos aus der Wirklichkeit gegriffen werden und nun eben für sie richtig erscheinen. Nicht in der Kürze liegt die Würze, sondern die Summe macht's.

Schauen wir uns den Beispieldialog vom Anfang nochmals an. Hannah diskutiert mit Marie auf dem Weg zur Uni. Wir nehmen nun an, Marie bemühe sich um konsequentes Hinterfragen von Hannahs Behauptungen. Wird sie Hannah zum Zweifeln und schließlich zum Infragestellen der Verschwörungserzählung um Bill Gates bringen? Kann sie Hannah so den rettenden Anker aus dem infiniten Regress zuwerfen?

Der sokratische Dialog könnte nun, 2.400 Jahre später, wie folgt aussehen.

Hannah: „Ich glaube nicht an COVID-19!"
Marie: „Wie kommst du denn zu dieser Meinung?"
Hannah: „Ich habe mich viel informiert. Die Foren im Internet sind voll von dem Zeug. Viele Influencer haben es bestätigt: Es ist der Beginn einer großen Verschwörung! Da steckt ein großer Plan dahinter."
Marie: „Hast du dich schon einmal über andere Quellen informiert?"
Hannah: „Nein, aber das sollte man auch nicht tun. Bill Gates könnte ohnehin die Medien und die Politik so beeinflussen, dass sie sagen, was er will."
Marie: „Heißt das also, du lässt dir vorschreiben, wer dich informiert? Deine Freunde und du bekommen also auch nicht alle Nachrichten, nur bestimmte?"
Hannah: „Nun ja …"
Marie: „Wenn du entscheidest, in welches Restaurant du gehst, verlässt du dich dann auch nur auf die eine negative Sterne-Bewertung und blendest alle anderen Bewertungen aus?"
Hannah: „Trotzdem möchte ich nicht gegen COVID-19 impfen lassen, weil es nicht sicher ist, ob Bill Gates seine Finger im Spiel hat!"
Marie: „Da gebe ich dir recht. Wir können niemals alles wissen! Aber denkst du, dass Bill Gates alles über das Corona-Virus weiß?"
Hannah: „Wenn er es wirklich in die Welt gesetzt hat, um uns alle zu impfen, weiß er sicherlich, was er da getan hat!"
Marie: „Wieso gehst du davon aus? Wie kannst du dir da so sicher sein?"
Hannah schweigt.

Marie könnte es geschafft haben, dass Hannah nun für kurze Zeit eine Nachdenkerin ihrer selbst wurde. Hannah könnte nach der Wandlung von einer verunsicherten Hannah durch das Präventionsparadox zu einer versicherten Verschwörungsmythikerin nun zu einer Nachdenkerin ihrer selbst geworden sein, die wiederum Sicherheit durch neue Erkenntnisse über das Corona-Virus gewonnen hat. Marie ist mitnichten die Schlauere oder Aufgeklärtere in der Corona-Krise. Das wäre wiederum eine Verschwörungserzählung, da ihr ja ebenfalls das Wissen nicht exklusiv zukäme. Marie steht aber für diejenigen, die den Überblick in der Corona-Krise noch nicht verloren haben. Sie denkt sich: „Wir schwimmen noch gegen den Strom, indem wir versuchen, alle Wellen, die auf unser Boot überschwappen, zu bewältigen." Leider ist es eben bei Verschwörungsgläubigen nicht so einfach. Denn anders als das reine Präventionsparadox oder das Verfolgen eigener Interessen wie im Beispiel auf dem Athener Marktplatz kann eine Verschwörungserzählung eine tief liegende Leere unbefriedigter psychologischer Grundbedürfnisse füllen. Verschwörungsmythiker haben eventuell an irgendeiner Stelle aufgegeben. Wie loses Treibholz strömen sie die mediale Flut hinab, ändern ihren Kurs wie die Strömung, hinein in ein großes Meer der gesellschaftlichen Unbedeutsamkeit und sehnen sich danach, ihre psychologischen Grundbedürfnisse zu befriedigen.

5. Corona – eine Frage der Psychologie

Die sogenannte Spanische Grippe galt als Influenza-Pandemie; sie hielt von Januar 1918 bis Dezember 1920 an, folgte also direkt auf den Ersten Weltkrieg. Krankenhäuser waren von Kriegsversehrten schon belegt; Unterversorgung und Hygienemängel dienten in vielen Regionen Europas aufgrund der Folgen des Weltkriegs wie ein Brandbeschleuniger für die Ausbreitung dieser Pandemie. Schätzungsweise starben dabei 27 bis 50 Millionen Menschen. Es gab drei Infektionswellen.

Der Ursprung dieser Pandemie war vermutlich der von Spanien weit entfernte Mittlere Westen der USA. Die Spanische Grippe wurde so genannt, weil aus Spanien die ersten Berichte einer neuen Grippewelle gemeldet wurden. Das damals neutrale Spanien unterstand nämlich nicht der Kriegszensur. Durch Kriegstransporte für den Ersten Weltkrieg gelangte die Infektionskrankheit von den USA nach Frankreich und von dort aus nach ganz Europa. Die meisten Menschen starben nicht an der Grippe, sondern an einer Lungenentzündung, für die es damals noch keine Antibiotika gab. Meist lagen nur sehr wenige Tage zwischen der Erkrankung und dem Tod. Die kriegsführenden Staaten verleugneten vorerst, dass es eine Epidemie gab. Allein im Deutschen Reich sind jedoch ungefähr 430.000 Menschen an dieser Pandemie gestorben. Viele von ihnen waren zwischen 20 und 40 Jahre alt, ein Großteil war kriegsverletzt oder kriegsgeschädigt.

Dennoch war auch hier international schnell ein Schuldiger gefunden: die Deutschen! Es kursierte in ganz Europa die Idee, die Deutschen wollten mithilfe dieser Pandemie das Ruder des Krieges noch mal herumreißen. Sie hätten das Virus erfunden, so der damals gängige Verschwörungsmythos. Im Oktober 1918 wurde ausgehend von der italienischen Presse verbreitet, dass die Deutschen diese Grippeviren in einem Labor entwickelt hätten und es sich um eine Biowaffe handelte. Die Maßnahmen, welche die Ausbreitung verhindern sollten, waren damals sehr streng: Es gab keine Freizeitaktivitäten in Gruppen, Öffnungszeiten von Restaurants und Cafés wurden eingeschränkt, Kirchen, Theater und Kinos sowie Tanzlokale wurden zeitweise geschlossen und deren Veranstaltungen abgesagt; bei Beerdigungen durften jeweils nur fünf Trauergäste anwesend sein.

Pandemien führten seit jeher zu gesellschaftlicher Verunsicherung, zur Suche nach Sündenböcken oder zu kruden Entstehungsnarrativen. An der Pest im Mittelalter sei die jüdische Bevölkerung schuld gewesen, bei der Spanischen Grippe die Deutschen usw.

Zur Zeit der Spanischen Grippe gab es aber eben noch kein Internet, kein Google und keine Social Media; bei Corona 2019/20 aber schon! Die Folgen sind bekannt. Die Mythen, seien sie auch noch so extrem, gehen viral. Das Internet dient dabei nicht einfach nur der Weiterverbreitung einer möglichst objektiven Wahrheit – so etwas gibt es in den meisten Fällen ohnehin nicht –, sondern innerhalb bestimmter extremistischer Kreise vielmehr einer sich selbst erfüllenden Prophezeiung. Kurzum: Hannah googelt am Ende nur das, von dem sie erhofft, bestätigt zu werden. Die Algorithmen von Google stellen sich nämlich sofort auf das Suchverhalten von Hannah ein. Somit werden ihr bestimmten Meldungen und Nachrichten direkt von der Suchmaschine angeboten. Sei es Google, YouTube oder Facebook, alle zeigen Hannah nun die aktuellen Beweise ihrer recherchierten Mythen, die Darstellungen oder Posts von deren Vertreter*innen. Die Prominenten und Role Models sind auch hierbei zahlreich vertreten. Ein zusätzlicher Push-Effekt.

Marie wiederum versucht zum Beispiel, ihre Suchergebnisse und ihr Wissen zusätzlich mit alternativen Suchmaschinen zu verifizieren, hierfür nutzt sie Ecosia, DuckDuckGo und Ähnliches mehr. Derartige Suchmaschinen speichern die Suche in der Regel nicht und ermöglichen es Marie, immer möglichst neutral zu suchen. Die sogenannte Filterblase von Marie ist damit durchlässiger als die von Hannah.

In den seltensten Fällen durchstöbert jemand das Netz nach dem Gegenteil. Die Algorithmen der Suchmaschinen reagieren sehr schnell und bieten Hannah schon bald Seiten, Videos und Foren ihrer Ursprungssuche an. Sie wird immer wieder in ihrer Welt gehalten, in ihrer eigenen Filterblase. Nun erscheint es ihr eben so, als ob das Internet sie komplett in ihrem Denken bestätigen würde – dabei bestätigt es aber lediglich, was sie gesucht hat. In Social-Media-Kanälen ist dieser Effekt noch um einiges stärker. In Anti-Corona-Gruppen trifft sich der Widerstand des Mainstreams. Hier wird bestätigt und befeuert, Autor*innen unerwünschter Bemerkungen werden in Regel schnell beschimpft oder aus den Gruppen entfernt und ihre Postings gelöscht. Man will schließlich unter sich sein, wenn man „die Wahrheit" bespricht – und diese kann nur einseitig und linear sein und aus nachvollziehbaren Kausalketten bestehen, auch wenn diese mehrmals abbrechen und für Außenstehende widersprüchlich wirken.

Die Logik der geschlossenen Gruppe ist nämlich selbsterklärend die Logik des jeweiligen Kollektivs dieser geschlossenen Gruppe. Es wird in der Regel nur bestätigt, geschärft oder polarisiert. Das Gegenteil wird dort nicht zugelassen, kein Korrektiv im Kollektiv, keine pluralistische Diskussion, keine Debatte über Fakten. Mitnichten! Emotionen sind hier oft erwünschter als Fakten, und Fakten müssen der geschlossenen Gruppe dienlich sein, dafür darf man sie auch ruhig mal „verbiegen" (Zimbardo 1996). Nun kommt als Verstärker die gesamte Gruppendynamik hinzu: „Was hat Bill Gates denn davon, die Weltherrschaft an sich zu reißen? Er ist doch schon alt." – „Deswegen züchtet er Kinder in Höhlen und trinkt ihr Blut!" Nun wird diese Aussage von der geschlossenen Gruppe bestätigt und schnell sind Internetquellen gefunden, die dies ebenfalls mehr oder weniger belegen. Gefakte Bilder und „verbotene" Orte sollten doch wohl Beweis genug sein. Die Gruppe ist groß und es gibt keine einzige Gegenstimme. Das muss stimmen! Es ist so extrem, so etwas kann sich keine Einzelperson ausdenken. So viel Fantasie kann man ja nicht mal auf einem LSD-Trip entwickeln.

Hannah sucht nun selbst im Netz nach Beweisen und findet ihre vermeintlichen Bestätigungen auf verschiedenen Foren und Plattformen. In einem Forum fragt sie: „Warum hat das Bill Gates nicht verschwinden lassen?" Die Antwort der Gruppe: „Das ist Teil seines Plans, außerdem wissen ja nur wenig Eingeweihte, wie man danach suchen muss." Ja, stimmt, Hannah selbst hat davor ebenfalls noch nie etwas davon gehört. Klingt logisch, muss also stimmen. Nun erfährt sie auch, dass Deutschland eine GmbH ist. Die Gruppe merkt, wie Hannah immer schockierter ist und immer „begeisterter" zuhört. Das ist genau das, wovon die meisten Menschen in diesen Gruppen profitieren. Sie dürfen und können nun über den anderen, den Outsidern, stehen, sie verfügen über einen Wissensvorsprung und können schockieren, begeistern, neugierig und, ja, auch abhängig machen: abhängig von ihrem Insiderwissen, das Hannah versucht wie ein Schwamm aufzusaugen. So wird Hannah von der unabhängigen Outsiderin zur abhängigen Insiderin. Und genau dieser neue Status verleiht ihr das Gefühl von Macht, einer Macht in zweierlei Hinsicht: Macht über sich selbst, da sie sich die Welt nun erklären kann, und Macht über alle Outsider, da sie nun mehr weiß als alle anderen und sich überlegen fühlt. Hannah hat nun die Logiken der In-Group adaptiert und versucht, diese nach außen zu tragen. Sie ist mit deren Theorien infiziert.

Dass der Prozess vom Outsider zum Insider wie in Hannahs Fall scheinbar so nahtlos funktioniert, könnte man auf ihre Leichtgläubigkeit schieben. So einfach ist das aber tatsächlich nicht. Geschichten, die die komplexe Welt erklären können, bestechen durch ihre Einfachheit: Sie sind meist wie Märchen aufgebaut und daher können wir sie uns auch schnell und eindringlich merken. Viel Wissenschaftsverständnis benötigt man nicht für die Rothschild-Mythen, die der Reptiloiden oder die der Illuminaten. All das hat Hannah noch nie gehört, und obwohl vieles davon anfangs ungewöhnlich klingt, kann sie sich immer mehr damit anfreunden. Zudem sind die Narrative oft nur subtil rassistisch oder antisemitisch. Ihre Wirkung ist jedoch verheerend. Hannah ist hierbei keine geübte Kritikerin und übernimmt mit den Geschichten auch die Haltung und Einstellungen. Nun ergibt für sie plötzlich alles einen Sinn. Ihr Land, die Geschichte, die Politik: alles nun im neuen Licht der Erkenntnis. Nun sieht ein Teil ihrer Welt viel einfacher aus, der andere Teil irgendwie verschoben und abstrus. Hannah hat dennoch das erste Mal das Gefühl, alles zu begreifen, und auch ein Gefühl von Macht. Diese Macht speist sich aus ihrem nun elitären Wissen. Ja, sie ist nun eine Insiderin, denn sie gehört zu den Eingeweihten. Aber eben auch zu den Guten, während alle anderen nur Schafe sind, die einem Mainstream hinterherlaufen. Genauer betrachtet sind Hannah und ihre Insidergruppe nun selbst so etwas wie die Illuminaten, die Erleuchteten. Auch wenn der Feind allgegenwärtig und übermächtig erscheint, ist es jetzt ihre Bürgerpflicht, dagegen vorzugehen.

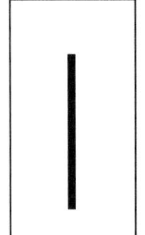 

Der Psychologe Solomon Asch bat Proband*innen, die Länge eines Strichs zu bewerten. Dazu wurden zwei Bilder gezeigt. Auf Bild 1 war lediglich ein Strich zu sehen, auf Bild 2 drei Striche A, B und C mit jeweils drei unterschiedlichen Längen. Die Proband*innen waren jeweils unbedarft und wurden einzeln innerhalb einer Gruppe von Eingeweihten befragt. Diese Eingeweihten hatten die Aufgabe, immer das richtige Ergebnis zu nennen, außer bei der letzten Aufgabe, eben jener Aufgabe mit den Strichlängen. Nun sollten die eigentlichen Proband*innen in der letzten Aufgabe anhand der drei Striche auf dem zweiten Bild angeben, wie lang der Strich auf dem ersten Bild ist. Faktisch betrachtet war der einzelne Strich auf der ersten Karte genauso lang wie Strich C auf der zweiten Karte.

Nahezu alle Teilnehmer*innen gaben B an. Wie war das möglich? B ist doch eindeutig länger. Nun, ein Großteil der Gruppe war in den Versuch eingeweiht und nannte bei den zuvor gestellten Aufgaben relativ zeitgleich und schnell immer die richtigen Antworten. Als die skizzierte Aufgabe an der Reihe war, sagten nun alle nahezu zeitgleich B. Die nicht eingeweihten Versuchspersonen folgten in der Regel der Mehrheit und schlossen sich der Antwort an: Ja, B ist genauso lang wie der Strich im linken Kästchen.

Je nach Konstellation, Teilnehmenden und Versuchsreihe schwankte die Anzahl derer, die sich von der Gruppe der „Eingeweihten" mitreißen ließen, von über 50 % bis 80 %. Die Macht und der Sog der Gruppendynamik sind für viele Menschen enorm. Aus der Sozialpsychologie wissen wir, dass Einstellungen durch Gruppen verstärkt werden. Dies konnte in vielen Versuchen festgestellt werden.

In einem weiteren Versuch zu diesem Phänomen sollten einzelne Personen in einer Dilemma-Situation entscheiden: „Du hast chronische Rückenschmerzen und kannst mithilfe einer komplizierten Operation diese Schmerzen ein für alle Mal beseitigen. Allerdings kann im schlimmsten Fall die Operation dafür sorgen, dass du für immer querschnittsgelähmt bleibst." Werden Proband*innen einzeln befragt, hat man am Ende zwei Lager: pro Operation und kontra Operation. Befragt man die Versuchspersonen in einer Gruppe, bekommt man ebenfalls zwei Gruppen, allerdings mit **extremen Befürworter*innen** und **extremen Gegner*innen**. In der Sozialpsychologie wird dieser Effekt „Gruppenpolarisierung" genannt (Yardi & Boyd 2010). Dieser Effekt ist einer der Hauptgründe für Radikalisierungen im Netz. Man ist unzufrieden mit etwas und wird dank der Gruppenpolarisierung schnell in einen Sog gezogen – und im Nu ist Angela Merkel für alles verantwortlich oder Bill Gates schlimmer als Hitler.

Schauen wir uns nun nochmals Hannah an. Können Sie ihr Verhalten, ihre Denkweise, ihre Argumentation jetzt etwas mehr nachvollziehen? Dass Hannah in ihren Social-Media-Foren gegebenenfalls nicht mal die Gruppe und deren Hintergründe kennt, sondern nur die hohe Anzahl Teilnehmer*innen, die oft in Extremen zustimmen oder kollektiv schweigen, hat einen enormen Einfluss auf ihre Sinnsuche. Allein würde sie viel rationaler und logischer denken. Aber dank Smartphone, mobiler Daten, Internet-Flat und Social Media ist sie quasi nie allein. Sie kann alles sofort „prüfen", allerdings nur so, wie es die digitalen Medien zulassen und die digitale Gruppendynamik dies noch mit Extremen anreichert.

Stellen Sie sich einfach vor, Sie seien in einer Gruppe, topfit und hellwach, aber plötzlich fangen alle an zu gähnen, unentwegt und laut. Nun merken Sie, wie spät es ist, wie viel Sie heute schon getan haben, und ja, das Wetter ist wirklich ermüdend. Sie gähnen also ebenfalls. Der Mensch ist ein Herdentier, wir brauchen die Gemeinschaft; und bei so einer tiefgreifenden Sache wie Corona, mit Isolation, Shutdown und neuen Handlungsanweisungen, da wirkt so eine digitale Gemeinschaft wie ein Balsam für die Seele. Zudem stellen das RKI, die Tagesschau und die Regierung die Dinge nicht „snackable" für Hannah zur Verfügung – die Anti-Corona-Gruppe eben schon. Vor Corona war Hannah quasi ein Niemand, nun ist sie aber Teil des Untergrundes geworden und erklärt der großen Verschwörung den Kampf.

Wichtig zu erwähnen ist noch, dass Hannah diese Gruppe aus ihrem eigenen Antrieb gesucht und gefunden hat. Natürlich wird sie diese Gruppe und ihre Geschichten nun auch gegen Eindringlinge verteidigen. Wieso sollte überhaupt jemand aus diesen Gruppen das aufgeben, was sie sich mühsam erarbeitet haben? Wieso den Existenzgrund der Verschwörungsgemeinschaft gefährden? Zumal der Diskussionspartner ja auch Teil der zu bekämpfenden Verschwörung sein kann – oder einfach nur ein Unwissender, ein Schaf aus der dummen Herde. In beiden Fällen lohnt es sich nicht, das gerade frisch erarbeitete Weltbild aufzugeben.

Nein, so funktioniert das nicht!

6. Die Psychologie hinter den Verschwörungsmythen

Warum glauben Menschen eigentlich so gerne und bereitwillig an Verschwörungsmythen und warum plötzlich so viele?

Ein Blick auf die Geschehnisse während der Corona-Krise ist dabei hilfreich. Die Corona-Krise hat vielen Menschen den Boden unter den Füßen weggezogen. Einige Menschen müssen beispielsweise um ihren Job bangen oder sehen sich schlichtweg erschlagen von der Informationsflut über das neuartige Virus.

Verschwörungserzählungen sind dabei oft eine dankbare Exit-Strategie. Alles wird sich in Wohlgefallen auflösen, wenn nur alles endlich ans Tageslicht kommt.

Wissenschaftler*innen haben versucht, sich gegenseitig zu widerlegen, Promis ihre Rollen getauscht und nebenbei hat die Politik sich indirekt einen Wahlkampf geliefert.

Alles für sich genommen schon komplex genug, wieso dann noch eine Weltimpfung, Reptiloiden, eine Flacherde oder Höhlenkinder?

Die Verschwörungserzählungen sind mehr als nur spannende Geschichten, sie erfüllen psychische Grundbedürfnisse, die vor allem in der Corona-Krise oft untergehen und auch von vielen Stellen völlig unterschätzt wurden und werden.

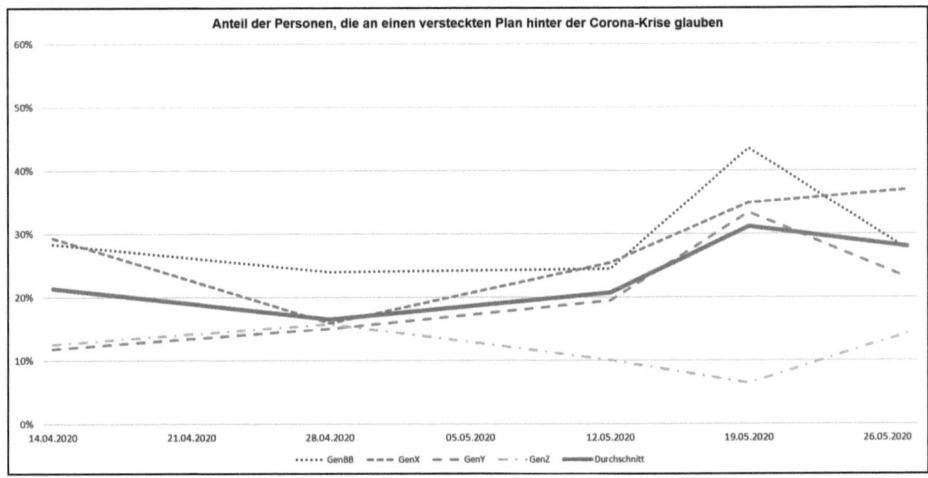

©Institut für Generationenforschung. 14.04.2020, n = 1.848 | 28.04.2020, n = 2.514 | 12.05.2020, n = 3.578 | 19.05.2020, n = 2.903 | 27.05.2020, n = 3.350 | GenBB (Geburtenjahrgänge vor 1964); GenX (1965–1979); GenY (1980–1995); GenZ (1996–2010)

Menschen haben schon seit Menschengedenken sehr gerne Geschichten gehört oder erzählt. Wir sind ein soziales Wesen, das den sozialen Austausch braucht. Mögen die RKI-Zahlen oder die der Johns Hopkins University noch so extrem sein, sie erzählen keine Geschichte und sie ersetzen diese eben auch nicht. Sei es nach der Jagd, nach einem Kriegs- oder Beutezug, am Lagerfeuer, in der Gruppengemeinschaft oder auf der Reise, immer schon haben sich Menschen für Geschichten außerhalb des sogenannten Mainstreams interessiert. Dies ist sicher auch ein Grund, weshalb viele Menschen den christlichen Missionaren so gerne zugehört haben. Ihre Geschichten waren neu und anders als alles andere, was die Menschen zuvor gehört hatten. Die Missionare kamen oft aus einer anderen Welt, die den jeweiligen Ureinwohnern nicht bekannt war. Sie hatten somit einen entscheidenden Vorteil, sie hatten schlicht einen Wissensvorsprung. Sie waren nicht besser im Argumentieren, Erzählen oder Überzeugen, auch haben sie sich in der Regel nicht viel aus der schon vorhandenen Kultur gemacht und zeigten nicht immer Respekt oder Traditionsverständnis. Nein, sie hatten neue Geschichten und wussten auch, dass diese für ihre Zuhörer*innen neu sind. Behaupten können sie ja erst mal alles, denn ein Mensch von Mount Hagen aus Papua-Neuguinea kannte ja Europa in diesem Sinne nicht.

Menschen sehnen sich von jeher nach Gesellschaft, nach Bindung und Zugehörigkeit. Hatte jemand vor der Corona-Krise nicht das Gefühl, wirklich dazuzugehören, hatte er es in der Regel auch nicht während der Krise.

Verschwörungserzählungen bieten jedoch auf eine spezielle Art ein Zugehörigkeitsgefühl, denn nun haben die Zuhörer*innen plötzlich das Gefühl, zu einer Art Wissenselite zu gehören. Bezogen auf unsere Missionare wurde den Zuhörer*innen suggeriert, nun auch ein Teil von Europa zu sein. Menschen aus Papua-Neuguinea sehen sich heute noch vereinzelt als Teil von Deutschland. Dem Großteil der Deutschen ist gar nicht bekannt, dass dieses Land einmal Teil einer deutschen Kolonie war. Das Gemeinschaftsgefühl, das durch die Erzählungen suggeriert wird, birgt nicht immer ein Reziprozitätspotenzial.

Dennoch betrachten die „Erzähl-Infizierten" sich nun als eine Elite von Wachsamen. In der Folge sind alle anderen die Unwissenden. Der Spieß dreht sich um. Aus Menschen, die das Gefühl hatten, nicht dazuzugehören, werden plötzlich Menschen, die das Gefühl haben, über jenen zu stehen, die an den Mainstream glauben. Im Dialog zwischen Hannah und Marie haben sowohl Marie als auch Hannah jeweils das Gefühl, der jeweils anderen überlegen zu sein. Denn beide glauben, einen Wissensvorsprung gegenüber der jeweils anderen zu besitzen. Bezogen auf unser Missionarsbeispiel wären sowohl Hannah als auch Marie Missionarinnen ihrer jeweiligen Version der „Wahrheit".

Wieso sollte nun die eine auf die andere zugehen? Das Gefühl, Insiderwissen zu haben, gibt den Menschen oft auch ein Gefühl von Macht und Kontrolle – am Ende eben das Gefühl von Selbstbestimmtheit und somit auch Sicherheit, denn man lernt mit dem neuen Wissen nun auch die Welt mit „neuen Augen" zu sehen und somit zu verstehen. Das ist ein wichtiger Punkt, denn versteht man die Welt, ist sie in einem gewissen Grad auch wieder vorhersagbar und somit auch mitgestaltbar. Während der Corona-Krise haben sehr viele Menschen dieses Gefühl völlig verloren. Macht und Kontrolle lagen nun bei Institutionen, mit denen sich viele zuvor gar nicht beschäftigt hatten. Hier entstanden bei vielen Menschen Argwohn und eine Kluft, denn RKI, WHO oder die Charité sprachen nicht immer verständlich genug. Die Missionare in Papua-Neuguinea mussten schon einen vernünftigen Dolmetscher haben, um die Menschen zu überzeugen, sonst hätte die beste Geschichte nichts gebracht.

Durch ihren vermeintlichen Wissensvorsprung fühlt sich Hannah nun stärker, selbstbewusster und auch intelligenter als zuvor. Psycholog*innen nennen dies eine selbstwertdienliche kognitive Verzerrung, bekannt auch als Dunning-Kruger-Effekt (Dunning & Kruger 1999). Da sich Hannah in diesem Moment zu wenig selbst hinterfragt und die Bestätigung ihres neuen Wissens nun vermehrt mit ähnlich Denkenden teilt, wird dieser Effekt noch verstärkt. „Glaubst du nicht auch daran, dass Bill Gates seine Finger im Spiel hat?" – „Na klar, ich hab da einen aufschlussreichen Beitrag auf YouTube gesehen, der erklärt einiges!" – „Ich denke, der wird nicht lange im Netz zu sehen sein …" – „Wusste ich's doch!"

Hinzu kommt, dass Menschen ihre Fähigkeit bezogen auf allgemeine Tätigkeiten als überdurchschnittlich ansehen. Sie überschätzen schlicht ihre alltäglichen Fähigkeiten. So denken die meisten Menschen, dass sie überdurchschnittlich gut Auto fahren. Statistisch gesehen ist das schlicht unmöglich. Bezogen auf Insiderwissen oder Internetrecherchen passiert Ähnliches. Es handelt sich um eine sogenannte Überschätzungsillusion, auch Lake-Wobegon-Effekt genannt (Smith & Mackie 2000). Bei Internetrecherchen denkt sich zum Beispiel Hannah, dass sie dies besser beherrsche als der Rest. Nun, da sie die richtigen YouTube-Videos ansieht, weiß sie genau, wie sie weiter im Netz recherchieren muss. Sie wertet sich mit sogenanntem Halbwissen auf.

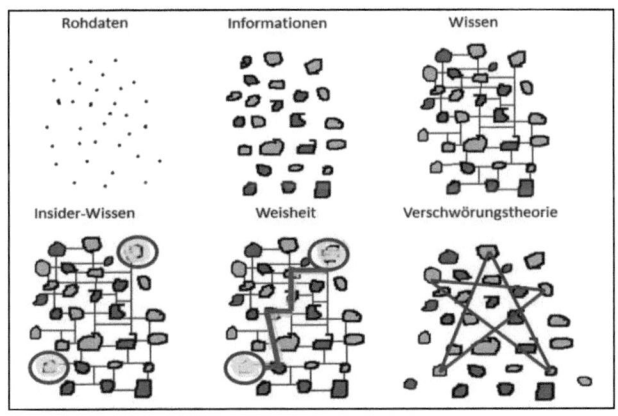

Nun sieht sie sich als fachkompetenter, als sie es eigentlich ist. Vielen fehlt die Fähigkeit, sich an dieser Stelle zu reflektieren. Wieso auch, das würde eventuell ja wieder am Selbstwertgefühl nagen. Vor allem Menschen mit psychischen Problemen gibt das neue „Wissen" Selbstvertrauen und eine Selbstbestimmung, die sie verständlicherweise nicht so schnell wieder aufgeben möchten. Sie können ihr Leben und die Umwelt wieder vorhersagbarer machen – eine wichtige Komponente während der unsicheren Corona-Krise.

Für alle Außenstehenden ergibt das nur wenig Sinn. Für sie hat es schlicht seine Gründe, wieso ein Medizinstudium so lange dauert. Für Marie ist es nicht nachvollziehbar, dass Hannah sich innerhalb von drei Stunden durch das Ansehen von YouTube-Videos ein Wissen aufgebaut haben soll, das ihr erlaubt, die Angaben des RKI infrage zu stellen.

Ist jemand empfänglich hierfür, sieht er schnell Zusammenhänge, wo keine sind. Es geht hier weniger um Logik als um die Befriedigung der Grundbedürfnisse. Menschen haben in der Regel vier Grundbedürfnisse (siehe folgenden Abschnitt), die sie benötigen, um sich wohlzufühlen (Keller 2011). Diese wurden durch die Corona-Krise beschnitten. Jeder Mensch reagiert hierbei anders. Je nach Resilienz, Ressourcen, Netzwerk, Familie, Status und Empfindung gehen die Menschen anders damit um. Bei Betrachtung der Grundbedürfnisse während der Corona-Krise wird vieles verständlicher.

Die menschlichen Grundbedürfnisse

Durch die neue Situation – ein unbekanntes Virus, wissenschaftliche und politische Richtungswechsel sowie Lockdown – wurde die Psyche vieler Menschen „überfordert". Viele haben regelrecht ein Verlangen nach der Befriedigung ihrer psychischen Grundbedürfnisse gespürt. Sie fühlten sich von der Regierung und der Wissenschaft nicht aufgeklärt und in Bezug auf ihre Grundbedürfnisse nicht gehört. Verschwörungsmythiker*innen und ihre jeweiligen Verschwörungsgeschichten konnten diesem Verlangen viel leichter nachkommen.

1. Menschen benötigen Bindung. Es war zu Beginn des Lockdowns oft nicht möglich, Familie, Freunde oder gar neue Bekanntschaften zu treffen. Vor allem ältere Menschen waren mit der Option der digitalen Kommunikation überfordert oder es hat ihnen zu viel gefehlt. Kaum Nonverbales, Physisches oder auch einfach mal gemeinsames Schweigen. Nein, all das wurde ihnen schlagartig weggenommen, ohne Angabe von Zeitspannen. Den Menschen stellten sich zahlreiche Fragen: Wie lange muss ich in dieser Isolation leben? Wie geht es weiter? Wann kann ich meine Kinder, Enkelkinder oder Freunde wieder treffen? Was ist mit dem Sommerurlaub? Was ist mit meiner Arbeit, meinen Kollegen? Und wer hilft mir, wenn es nötig ist?

Ist das nicht auch eine Chance, die Solidarität in der Gesellschaft auf die Probe zu stellen beziehungsweise eventuell sogar zu verbessern?

Zumindest zu Beginn der Corona-Krise entwickelten sich Bewegungen, die es sich zur Aufgabe machten, Menschen, die in der aktuellen Lage Hilfe benötigten, zu unterstützen. Es entstanden Initiativen wie zum Beispiel die #Corona-Hilfe, die Menschen beim Einkaufen unterstützte, damit diese zu Hause bleiben konnten.

2. Menschen benötigen Sicherheit und eine Art Selbstbestimmung (Zelinka 1997). Viele Menschen empfanden die Informationen über die Pandemie als nicht ausreichend. Man wusste nicht, was als Nächstes geschehen wird, wie lange die Pandemie andauern wird und wie gefährlich der Virus tatsächlich ist. Man muss die Welt um sich verstehen, um den täglichen Ablauf auch bis zu einem gewissen Grad vorherzusagen. Verschwörungserzählungen haben den Menschen genau diese Selbstbestimmung und Vorhersagbarkeit (wieder) ermöglicht.

Auch sahen sich viele Bürger*innen zu Beginn des Lockdowns wie in einem Gefängnis. Die Auswirkungen irrationaler Vorstellungen wie Hamsterkäufe, insbesondere von Toilettenpapier und Vitaminen, waren bundesweit zu sehen. Die Sicherheit, die einem eigentlich vonseiten der Regierung oder der Institute gegeben werden sollte, blieb zunächst aus.

Viele Menschen fingen nun an, sich permanent mit neuen Informationen über den aktuellen Stand der Pandemie zu versorgen.

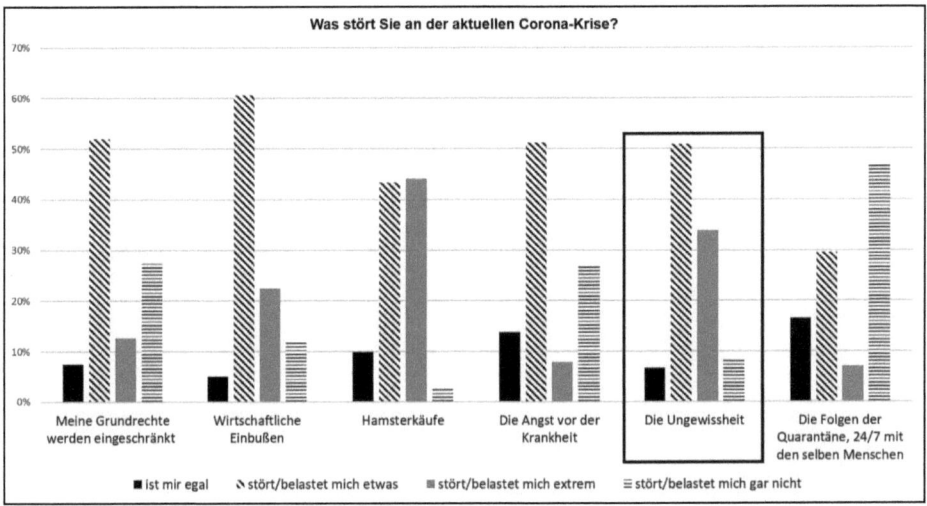

©*Institut für Generationenforschung. 19.03.2020, n = 2.875 | GenBB (Geburtenjahrgänge vor 1964); GenX (1965–1979); GenY (1980–1995); GenZ (1996–2010)*

Je häufiger sich eine Person über den aktuellen Stand der Pandemie informiert, desto wahrscheinlicher wird es sein, gegenläufige Meinungen und Richtungswechsel in der Berichterstattung auch mitzubekommen, Richtungswechsel, die vielleicht für Außenstehende nicht immer einen Sinn ergaben. (Der Ablauf inklusive Richtungswechseln und Akteuren wird in den späteren Kapiteln beschrieben.) Hierbei war vor allem die Häufigkeit der Richtungswechsel sehr prägnant.

Mit dieser Unsicherheit im Hinterkopf fällt es schwer, den Aussagen eines Instituts oder der Regierung Glauben zu schenken.

3. Menschen wollen sich als Teil der Gesellschaft fühlen, hierbei ihre jeweils eigene Rolle einnehmen und im Idealfall als kompetent wahrgenommen werden. Sie wollen sich gut und geliebt fühlen. Viele Menschen sehen sich während der Corona-Krise entmündigt. Sie haben das Gefühl, abhängig von den Daten der Wissenschaft und der Regierung zu sein. Dies führt bei einigen Menschen zur Umkehrung dieser Situation. Sie entwerten schlicht die Kompetenz der Verantwortlichen. Dank der neuen Verschwörungserzählungen sehen sich einige nun als kompetenter als „die da oben". Teil dieser neuen Wissenselite zu sein ist für viele Menschen eine große Steigerung des Selbstwertgefühls, eine Ego-Maximierung. So kam es also unweigerlich zu einer Aufteilung in Gruppen: die Gruppe derjenigen, die denken, sie haben einen geheimen Wissensvorsprung durch Insiderinformationen, und die Gruppe derjenigen, die sich aufgrund des Glaubens an die Institute und Wissenschaftler*innen ebenfalls im Wissensvorteil sehen. Objektiv betrachtet betrifft die Pandemie erst einmal jedes Individuum in der Gesellschaft auf die ein oder andere Weise. Manche sind direkt vom Virus betroffen, manche von den wirtschaftlichen Auswirkungen des Lockdowns und wiederum andere fühlen sich einfach nur isoliert aufgrund der Ausgangsbeschränkungen. Wie man es dreht und wendet, es geht uns alle etwas an.

Diese kollektive Betroffenheit sah die Mehrzahl der Menschen anfangs auch und war der Meinung, das Virus könne uns alle treffen (siehe Grafik). Durch den Anstieg an Verschwörungsmythen spaltete sich aber die Gesellschaft nach und nach in zwei Lager, die sich jeweils als eigenes Kollektiv wahrnehmen.

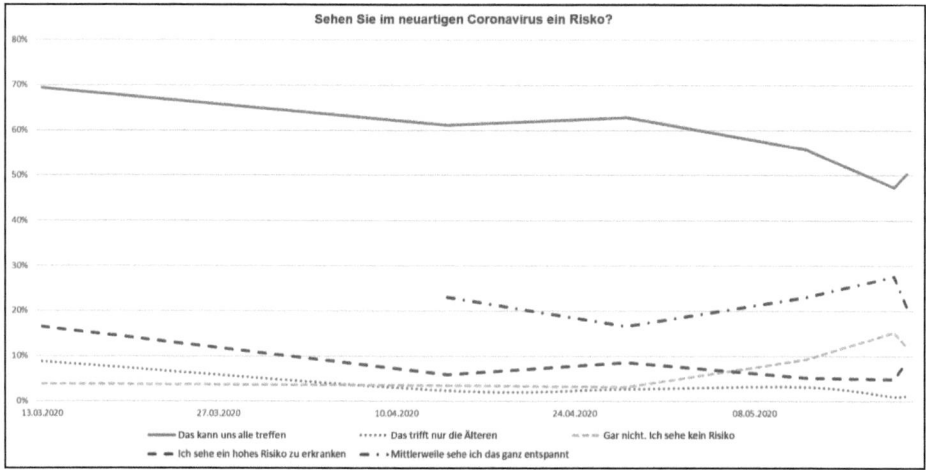

©Institut für Generationenforschung. 19.03.2020, n = 2.875 | 14.04.2020, n = 1.848 | 28.04.2020, n = 2.514| 12.05.2020, n = 3.578

Ende Mai 2020 lässt sich dann auch ein Anstieg der Personen, die kein Risiko in der Pandemie sehen, erkennen. Dieser Anstieg lässt sich mit dem parallelen Anstieg an Verschwörungstheoretiker*innen erklären, die teilweise die komplette Pandemie leugnen.

4. Wir Menschen wollen schlicht gute Erfahrungen machen und schlechte vermeiden, so sind wir von Geburt an programmiert. Die Ohnmacht und Abhängigkeit von einem Virus, dem Verlauf, der Wissenschaft und von „jenen da oben" produziert bei einigen ein ungutes Gefühl. Wie kann man gegen einen Feind kämpfen, den man nicht kennt? Verschwörungserzählungen helfen, diesen Feind zu visualisieren und zu kanalisieren, selbst wenn die Geschichte lautet: „Das Virus gibt es nicht, da steckt jemand dahinter. Der große Plan."

Wer, glauben Sie, profitiert am meisten von der Corona-Krise?

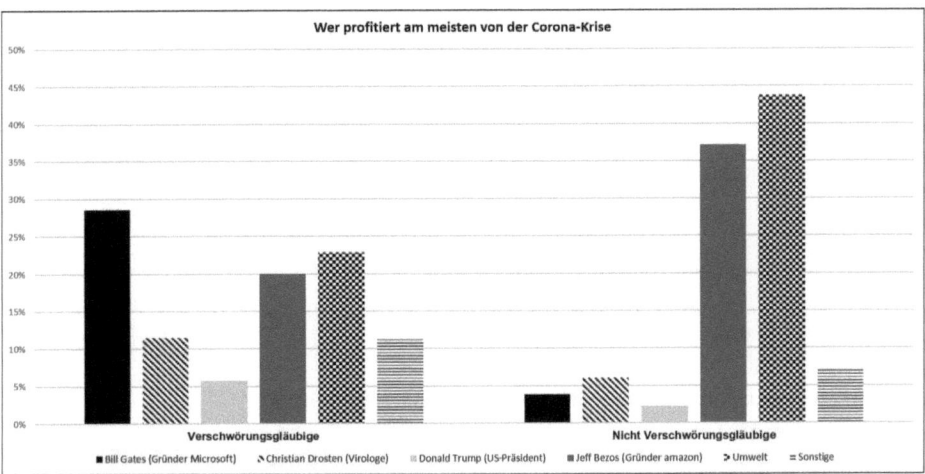

©Institut für Generationenforschung. 27.05.2020, n = 3.350

Hier gilt der Glaubenssatz: Wenn ich selbst nicht von der aktuellen Krise profitiere, dann muss es bestimmt jemand anders sein, der Profit schlägt. Irgendjemand profitiert doch immer … Es ist einfach schwer zu glauben, dass die Corona-Krise nahezu kaum einen Profiteur hat. Wohin mit der Schuld? Wer ist der oder die Schuldige?

Verschwörungserzählungen sind somit auch psychologischer Balsam für die Seele, der jedoch zu einer großen Anzahl metaphorischer Hautausschläge führen kann. Platons Dialog zielt auf Reflexion ab. Hierbei werden sich jedoch Verschwörungsmythiker*innen nicht so einfach bekehren lassen. Es empfiehlt sich, im ersten Schritt behutsamer vorzugehen und sich Stück für Stück vorzuarbeiten und dabei sein wissenschaftliches Faktenwissen einfach mal beiseitezulassen. Es geht hier nicht um Fakten, sondern um Emotionen – und meist auch um das Ego.

7. Der richtige Umgang mit der falschen Geschichte

Im Dialog mit Menschen, die an Verschwörungsmythen glauben, bietet sich die LIMO-Methode an:

Loben
Interesse für das Thema zeigen
Mängel offen zugeben
Offenheit für ein Gespräch zeigen

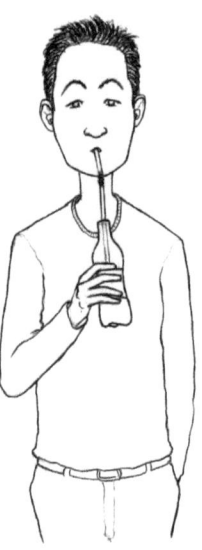

Fangen wir mit einem einfachen Beispiel an. Wir befinden uns im Wilden Westen Mitte des 19. Jahrhunderts. Stellen Sie sich einfach vor, zwei Cowboys spielen Poker. Der eine Cowboy verliert im letzten Spiel all sein Geld. Nun merkt er, dass der Cowboy, der sein Geld gewonnen hat, mit gezinkten Karten gespielt hat. Dieser bestreitet es, obwohl der nun arme Cowboy zwei schwarze Pik-Ass an seinem Platz fand. Es kommt zum Streit, der immer mehr eskaliert. Schließlich verlassen beide den Saloon, um sich im angemessenen Abstand zu duellieren. Schnitt!

Zurück zu Hannah und Marie. Beim Dialog zwischen Hannah und Marie passiert physologisch und psychologisch nämlich etwas Ähnliches. Die Diskussion kann durch die unterschiedlichen Betrachtungsweisen schnell unendlich werden, ohne dass beide der jeweils anderen auch nur einen Millimeter entgegengekommen wären. Beide werden während der Diskussion immer aufgebrachter. Die Nebennierenrinden schütten nun Adrenalin und Nor-Adrenalin sowie Cortisol in die Blutbahn aus. Die „Aufgebrachtheit" steigert sich immer weiter. Eine vernünftige Diskussion mit Ausredenlassen, Zuhören und Verständnis ist kaum noch möglich. Es kann nun emotional ausufern und beide könnten beleidigend werden. Hannah würde aus ihrem Theorieportfolio einen Pseudofakt nach dem anderen ziehen, ähnlich einem Zauberschüler, der bei jedem missglücken Trick sofort etwas Neues aus dem Hut zaubern möchte, erst die Spielkarten, dann das Kaninchen, dann wieder die Taube usw. Es ist aber auch gut möglich, dass Marie die Wissenschaftsfaktenkeule zieht oder eben auch einen Fakt nach dem anderen aus ihrem Laborhut zaubert. Die Diskussion wird inhaltlich zirkulär. Nur die beschriebene physiologische Reaktion steigt progressiv an. Das würde so zu nichts führen, außer dass beide verärgert auseinandergehen oder gar ihre Freundschaft auflösen.

Ideal wäre es nun, wenn eine der beiden stattdessen die LIMO-Methode anwendete.

Stellen wir uns einmal vor, wir wären einer der Cowboys, mitten im Duell. Anstatt sich ihm gegenüberzustellen, könnten wir einfach auf unseren Gegner zugehen und uns parallel neben ihn stellen und somit in die gleiche Richtung schauen. Er oder sie kann uns so erst mal nicht erschießen!

Bezogen auf Marie und Hannah sollte zum Beispiel Marie erst einmal auf die Seite von Hannah gehen, nicht bekräftigend, aber auch nicht bedrohlich wirkend. Sie muss also erst mal zuhören, was Hannah sagt. Marie muss die Theorien nicht unterstützen, annehmen oder gar gutheißen, aber ein kleines Lob, im Sinne von „Das klingt erst mal interessant, so etwas habe ich ja noch nie gehört" wäre durchaus förderlich. Dafür steht das das **L** in „LIMO": Loben.

Nun muss Marie Hannah bitten, ihr die Theorie, den Glauben, das Konzept genauer zu erklären: „Erkläre mir doch mal genau, was du damit meinst!". Marie zeigt so Interesse für Hannah. Das **I** in „LIMO" steht für „Interesse zeigen". Die „Erregung" von Hannah fährt runter, es scheint ja erst mal keinen Angriff von Marie zu geben. Ja, richtig. Marie muss aber emotional in der Lage sein, dies auch so zu meistern. Eine der beiden muss also erst mal ihren inneren Schweinehund überwinden, durchatmen und auf die andere Person zugehen.

Nun muss Marie fortfahren, zum Beispiel mit: „Natürlich läuft nicht alles perfekt in der Wissenschaft und Politik. Ja, und sie haben sich des Öfteren widersprochen, jedenfalls war so auch meine Wahrnehmung." Sie gibt einen generellen Mangel, den es natürlich gibt und immer geben wird, offen zu. Das **M** in „LIMO" steht für „Mängel offen ansprechen". Das führt zu einer Art gemeinsamer Ebene, einer Brücke, die sie beide nun kommunikativ betreten können.

Das **O** in „LIMO" steht für „Offenheit". Marie muss nun Offenheit für das Gesamtgespräch zeigen. „Wie ich sehe, hast du dir schon sehr viele Gedanken gemacht." Wenn sich Marie nun sicher ist, dass der richtige Zeitpunkt gekommen ist, kann sie zum Beispiel nachschieben: „Ich habe mir ebenfalls Gedanken gemacht, aber in eine ganz andere Richtung. Darf ich diese auch mal erläutern?" Nun ist es sehr gut möglich, dass auch Hannah Marie zuhört und die Argumente von Marie auch weniger emotional aufnimmt. Auch werden diese Argumente und Fakten nicht mehr als Angriff, als Überlegenheitsgeste oder als Wissensvorsprung gedeutet, sondern als eine andere Theorie. Marie hat dadurch eine viel höhere Chance, Hannah von ihren Argumenten zu überzeugen. Aber sie darf eben nicht beim ersten Mal aufgeben. Sie muss sehr viel Geduld und Verständnis mitbringen, viel mehr als wissenschaftliches Faktenwissen. Bei Hannah geht es nämlich auch um Emotionen wie Angst, Verzweiflung, Unsicherheit oder Panik, die bedient werden müssen.

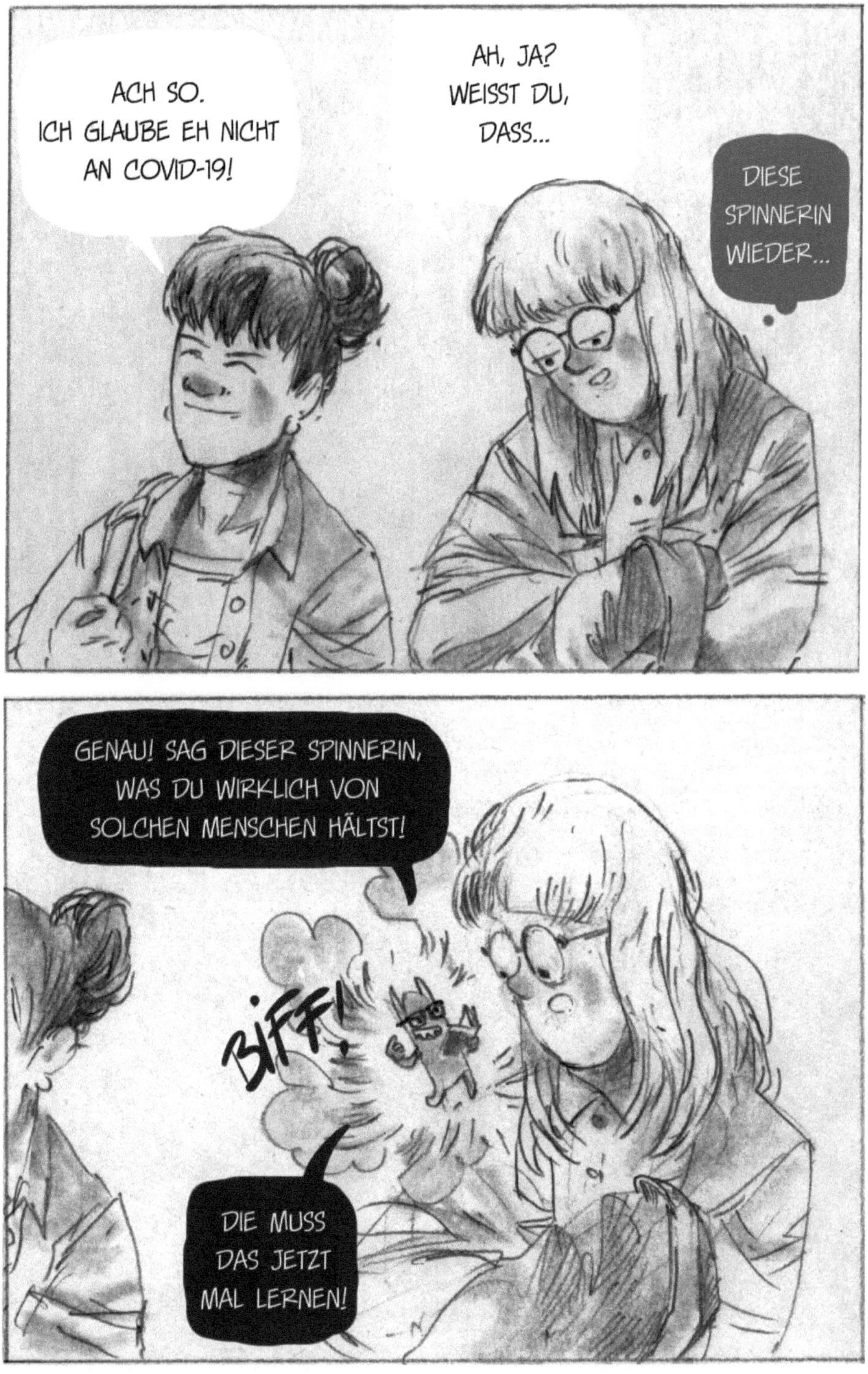

PROBIER LIEBER DIE LIMO-METHODE! VERGISS DAS FAKTEN-TEUFELCHEN UND FANG DOCH GLEICH MIT "L" AN.
BUFF!

...OKAY. ALSO DAS IST DOCH MAL EINE INTERESSANTE THESE! WIE KOMMST DU DARAUF?

JA, GERNE. BILL GATES HAT UNS SCHON VOR FÜNF JAHREN VOR DER CORONA-KRISE GEWARNT. WOHER WUSSTE ER DAS? NUN FINANZIERT ER DIE WHO, DIE BERLINER CHARITÉ UND DIE MEDIEN.

DAMIT HABE ICH MICH NOCH NICHT BESCHÄFTIGT. KANNST DU MIR DAS MAL ERKLÄREN? ALSO JEMANDEM, DER WIRKLICH KEINE AHNUNG VON DIESER THEORIE HAT.

WIESO?

DIE SIEHT DEN WALD VOR LAUTER BÄUMEN NICHT.

SEHR GUT! EINFACH MAL DURCHATMEN UND COOL BLEIBEN. JETZT BAU AUF DAS "I" VON LIMO AUF

BEI SO EINEM GESCHWÄTZ KANN KEIN VERNÜNFTIGER MENSCH COOL BLEIBEN! GATES' INVESTITIONEN IN DIE WHO SIND DOCH EIN WITZ, MIT SO WENIG ANTEILEN KANN ER GAR NICHTS MITBESTIMMEN. ERKLÄR DAS DIESER DUMMEN NUSS JETZT MAL!

71

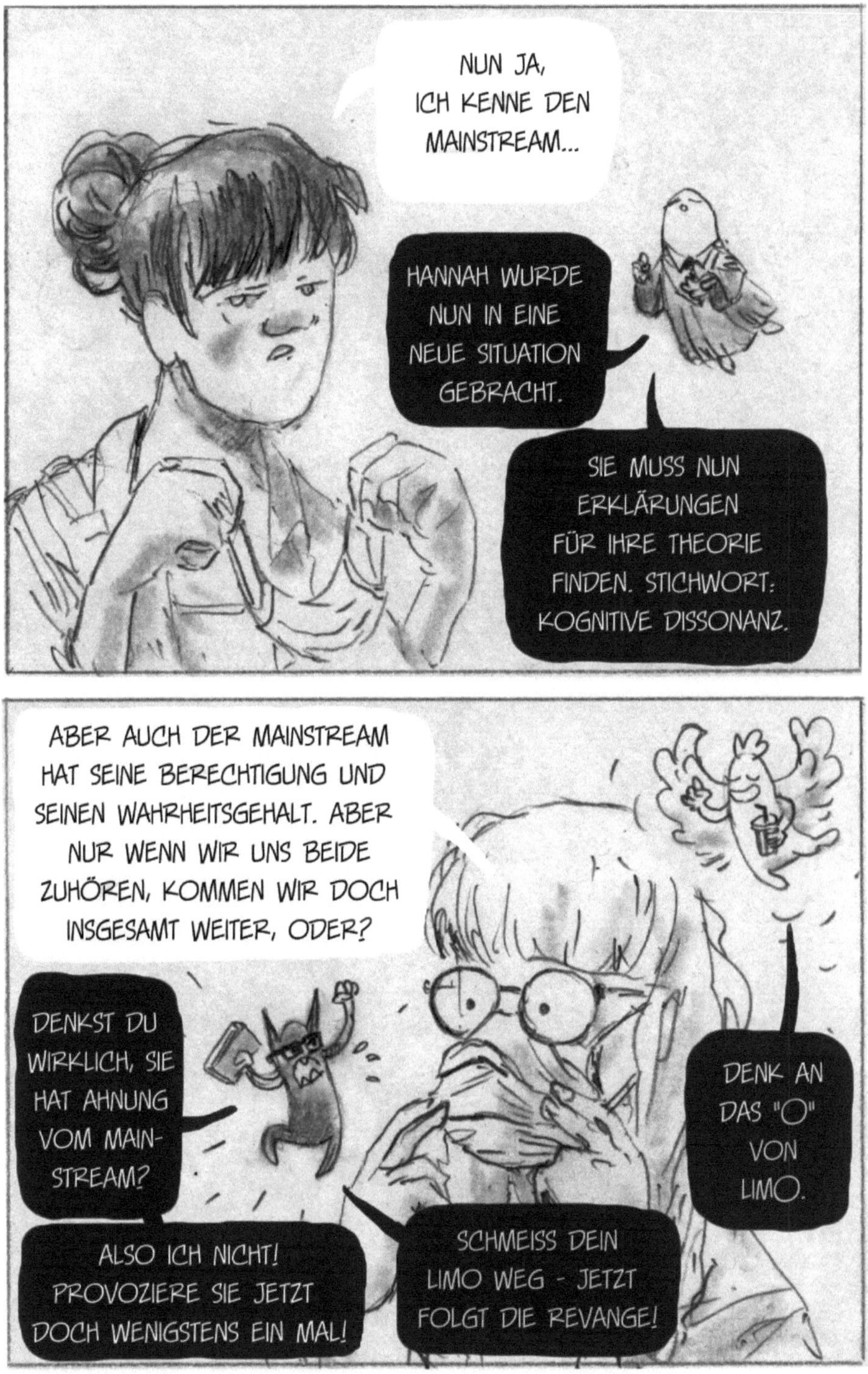

STIMMT. NUN WIE SIEHST DU DAS DENN?

NA, ICH DENKE TATSÄCHLICH, DASS COVID-19 EIN VIRUS IST, DAS VOM TIER AUF DEN MENSCHEN ÜBERTRAGEN WURDE, UND DASS VIELE IN DER FOLGE MIT IHREN AUFGABEN ÜBERFORDERT WAREN UND DIE MEDIEN EINEN ZU GROSSEN DRUCK AUF DIE WISSENSCHAFTLER AUSGEÜBT HABEN.

JA, DIE LÜGENPRESSE.

HANNAH FÄLLT ES NUN SCHWER, GEGENARGUMENTE ZU FINDEN.

SIE BEGINNT, DIE VORGEFERTIGTEN FLOS-KELN, DIE SIE SICH IN IHREM THEORIEGEBÄUDE ANGE-EIGNET HAT, IN DEN RAUM ZU WERFEN, DENN DIESE SIEHT SIE ALS ARGUMENTATIVES ALLHEILMITTEL.

DOCH DAS SIND NUR WORTHÜLSEN, DIE INHALTSLOS SIND UND JETZT DURCH MARIES WISSEN ERSETZT WERDEN KÖNNEN.

NEIN, NICHT LÜGENPRESSE.

FRAG SIE DOCH MAL, WO MAN DIE LÜGENPRESSE KAUFEN KANN.

SONDERN DIE ERWARTUNGSHALTUNG, DIE GESCHWINDIGKEIT DES INTERNET UND DER SOCIAL MEDIA UND DER WELTWEITE FAKTENWETTSTREIT HABEN ALLE AKTEURE DAZU GEZWUNGEN, ZU VIEL ZU SAGEN UND AUCH ZU SPEKULIEREN.

WISSENSCHAFTLER UNTERSCHÄTZEN OFT DIE MEDIENDYNAMIK. VIELE MEDIENKONSUMENTEN GENAUSO. DAZWISCHEN SEHE ICH DIE PRESSE.

LASS LIMO WIRKEN UND DENKE AN DIE KOGNITIVE DISSONANZ. SO SCHNELL GIBT NIEMAND SEIN WELTBILD AUF. GEDULD! DU BIST JETZT SCHON WEITER, B ALS DIR BEWUSST IST!

WEITER SO, MARIE!

Die LIMO-Methode muss trainiert und verinnerlicht werden, um den nötigen Erfolg zu erzielen. Es ist gewiss nicht einfach, aber sehr lohnenswert. Natürlich sollten dabei keine Wunder erwartet werden. Der Erfolg hängt von vielen Faktoren ab: von der Beziehung zwischen den beiden Gesprächspartner*innen, von der Art, wie sie miteinander sprechen, und davon, wie insgesamt die Rahmung des Gesprächs ist. Aber auch die Attribute Hartnäckigkeit, Verständnis, Grundzweifel, Intellekt und viele weitere mehr werden das Gespräch beeinflussen. Die Methode ist somit als Ideen- und Kommunikationsvorschlag gedacht.

Viel Erfolg!

99

[...] Denn unsere Gesellschaft muss insgesamt lernen, Pluralismus und eine vernünftige Diskussionskultur (wieder) zuzulassen. Sehen Sie die LIMO-Methode als eine Art Brücke zum Gegenüber, nicht als Heilungsmethode.

Rüdiger Maas, Juli 2020

8.

Theorien über COVID-19
„from zero to hero"

Wir haben das erste Mal in der Geschichte der Menschheit miterleben dürfen, dass weltweit in nahezu allen Ländern Menschenleben über Finanzen und Geld standen. Weshalb die Klimaziele nicht eingehalten werden konnten, wurde immer wieder mit Arbeitsplatzsicherungen und Finanzargumenten gerechtfertigt. Plötzlich anders? Dieser internationale Kurswechsel hat viele Menschen zusätzlich aufgeschreckt, hat sie auch sensibler gemacht, auf alle Aktionen und Akteure in dieser Pandemie zu achten. Diese Unsicherheiten und Richtungswechsel waren für viele Bürger*innen ein Nährboden für Zweifel.

Wie sehr zweifeln Sie an den Aussagen der Regierung und der WHO?
(0 = „gar nicht" bis 100 = „maximaler Zweifel")

	19.05.2020	27.05.2020	08.06.2020
GenBB 56–88 Jahre	69,7	51,0	55,0
GenX 40–55 Jahre	55,6	54,2	61,2
GenY 26–39 Jahre	42,8	35,2	32,7
GenZ 16–25 Jahre	23,5	29,9	23,8
Durchschnitt	**48,7**	**44,8**	**43,5**

©Institut für Generationenforschung. 19.05.2020, n = 2.903 | 27.05.2020 n = 3.350 | 08.06.2020 n = 1.514 |
GenBB (Geburtenjahrgänge vor 1964); GenX (1965–1979); GenY (1980–1995); GenZ (1996–2010)

Die daraus entstandenen neuen Theorien und Konzepte können in drei Bereiche aufgeteilt werden:
1. Theorien, die davon ausgehen, dass COVID-19 nicht existiert
2. Theorien, die davon ausgehen, dass COVID-19 ein künstlich erschaffenes Virus ist
3. Theorien, die davon ausgehen, dass COVID-19 existiert und sehr gefährlich ist

COVID-19 existiert nicht oder ist nicht gefährlich

Die größte Gruppe der sogenannten Verschwörungsgläubigen in Deutschland sieht von Sars-CoV-2 keine Gefahr ausgehen. Sie splittet sich in zwei Lager.

Die einen sagen, Corona-Viren seien ganz „normale" Grippeviren, mit denen wir gelernt haben zu leben. COVID-19 habe es schon davor gegeben und sei harmloser als ein Influenza-Virus.

Bei unseren Recherchen stießen wir dabei auf viele Ärzt*innen, die ebenfalls diese These unterstützen. Sie leugnen zwar nicht die Existenz von COVID-19, relativieren es jedoch und sehen die weltweiten Maßnahmen als völlig übertrieben. Diese Theorie hatte zu Beginn die meisten Anhänger*innen. Die Bilder aus Italien, Spanien und New York wurden mit dem dort vorherrschenden schlechten Gesundheitssystem relativiert und begründet. Mit dem Wissen um das Präventionsparadox könnten die meisten Anhänger*innen dieser Theorie als Sinnsuchende im Erklärungsvakuum bezeichnet werden. Die medial prognostizierten Horror-szenarien der Corona-Pandemie haben sich nicht bewahrheitet; klar, dass das Virus eindeutig überschätzt wurde! Dass aber die Maßnahmen für den Rückgang der Pandemie verantwort-lich waren, sehen diese Theorievertreter*innen nicht.

Der deutsche Arzt Dr. Bodo Schiffmann ist der bekannteste Verfechter dieser Theorie. Über sei-nen YouTube-Kanal, die „Schwindelambulanz Sinsheim", informiert Schiffmann seine Gefolg-schaft über die Theorie der Corona-Lüge. Er sagt, dass es zwar das Corona-Virus gebe, es aber längst nicht so gefährlich sei, wie in den Medien behauptet werde. Alle Maßnahmen gegen das Virus verursachten lediglich eine Massenpanik, denn notwendig seien sie nicht. Schiffmann ist zudem auch einer von drei Gründer*innen der neuen, selbst ernannten Mitmachpartei mit dem Namen „Widerstand 2020". Anlass für die Gründung waren die Corona-Beschränkungen, die die Gründer*innen als eklatanten Einschnitt in die Grundrechte durch die Bundesregierung einstuften. Sie forderten die Bürger*innen auf, sich gegen den Machtmissbrauch der Bundes-regierung zu erheben, um in Zukunft wieder als mündige Bürger*innen die Politik aktiv mitge-stalten zu können und nicht passiv das Diktat der Regierung ertragen zu müssen.

Prinzipiell ja keine schlechte Idee, für seine Grundrechte einzustehen! Auch die Frage um die Priorisierung und Abwägung der Grundrechte gegeneinander ist sicherlich in der politischen Debatte in Zeiten von Corona eine nicht zu unterschätzende Thematik. Aber davon auszu-gehen, dass die öffentliche Meinung per se falsch ist und keine anderen Meinungen neben der eigenen zu dulden sind, ist nicht nur engstirnig, sondern unreflektiert. Jede Theorie kann prinzipiell falsch sein, auch die der COVID-19-Leugner*innen. Doch sie sehen das nicht und gefährden schlimmstenfalls ihre Mitmenschen. Ein prominenter Vertreter, der das Virus sehr

Sehen Sie ein Risiko ausgehend vom neuartigen Corona-Virus?

	Gar nicht. Ich sehe kein Risiko (Durchschnitt)	Gar nicht. Ich sehe kein Risiko (Verschwörungsgläubige)
14.04.2020	3,53 %	9,09 %
28.04.2020	3,14 %	16,22 %
12.05.2020	9,20 %	29,17 %
19.05.2020	15,17 %	37,78 %
27.05.2020	12,05 %	33,70 %

©Institut für Generationenforschung. 14.04.2020, n = 1.848 | 28.04.2020, n = 2.514 | 12.05.2020, n = 3.578 | 19.05.2020, n = 2.903 | 27.05.2020, n = 3.350

stark unterschätzte, war der britische Premier Boris Johnson. Zuerst betonte er, dass keine strikteren Maßnahmen nötig seien, da das Virus noch nicht stark verbreitet sei; später wurde er selbst mit dem Corona-Virus infiziert und lag sogar auf der Intensivstation.

Der andere Teil der Corona-Leugner*innen geht schlicht davon aus, dass es Sars-CoV-2 nicht gibt. Es handle sich um nicht unterscheidbare Grippeviren, die Symptome hervorrufen, die sich nicht von denen einer normalen Grippe unterscheiden lassen. Hier splitten sich die Menschen wiederum: Da gibt es jene, die glauben, dass ein gezielt forcierter weltweiter gesellschaftlicher Umsturz folgen werde, zum Beispiel ein globaler Kommunismus, sodass die Finanzmärkte kollabieren werden. Andere glauben, dass im Anschluss die Weltelite ihre Herrschaft weiter ausbauen werde, dass die Illuminaten oder neue geheime Gruppierungen die Weltherrschaft so an sich reißen werden. Wieder andere sehen hinter all dem eine Art Impftestmafia, die lediglich mit dem Test an sich Geld machen möchte. Diese Theorie war vor allem im Februar 2020 noch sehr verbreitet. Auch hier gab es sogar Ärzt*innen, die diese Theorie unterstützen.

Eine weitere Theorie besagt, dass die Regierungen mehr Macht und Kontrolle bekommen möchten. Sie sehen vor allem Angela Merkel als Drahtzieherin in Deutschland.

COVID-19 ist ein künstliches Virus

Einige Verschwörungsgläubige gehen davon aus, dass Sars-CoV-2 in einem chinesischen Labor entwickelt wurde. Das Virus sei somit zum Teil oder ganz künstlich erschaffen. Dies ähnelt dem Mythos um die Entstehung des HI-Virus, nur sei Sars-CoV-2 leichter übertragbar. Ein Teil der Anhänger*innen dieser Geschichte glaubt, das Virus sei von der chinesischen Regierung als Bio-Waffe entsendet worden, um zum Beispiel den weltweiten Unterneh-mer- oder Immobilienmarkt aufzukaufen. Donald Trump ist ein berühmter Verfechter dieser Theorie. Er nannte das Virus „China Virus". Einige Vertreter des Weißen Hauses nannten die Pandemie angelehnt an diese Theorie „Kung Flu". Donald Trump hat während der Corona-Pandemie, Ende Mai 2020, die Zusammenarbeit mit der WHO beendet. Bis zu diesem Zeit-punkt hatte die USA über 1 Million Infizierte und über 100.000 durch Corona verursachte Todesfälle. Ein Großteil der Bevölkerung sah ein schlechtes Krisenmanagement und den massiven Abbau der Krankenversorgung unter der Regierung Trumps als Grund hierfür. Viele warfen Trump vor, einen Sündenbock in China und der WHO zu sehen. Viele Verschwö-rungsgläubige, vor allem solche mit rassistischem Hintergrund, sahen sich hierbei jedoch bestätigt, dass Donald Trump kein Teil des großen Planes sei, sondern vielmehr ein Kämpfer gehen die internationale Verschwörung

Ein großer Teil der deutschen Verschwörungsgläubigen sieht als Begründer, Hersteller und somit Hauptverursacher der Pandemie den Microsoft-Gründer Bill Gates. Bill Gates, so die Idee, habe das Virus miterschaffen, um eine weltweite Impfkampagne zu realisieren. Ne-ben dem Wirkstoff enthalte die Impfung auch einen Mikrochip, um jede*n Geimpfte*n zu tracken. Als Grundlage und Ausgang dieser Theorie diente der Nachweis von Spenden der „Bill & Melinda Gates Foundation" an die WHO. Des Weiteren seien einige Spenden auch an Medien- und Pharmakonzerne gegangen. Dies wird von den Anhänger*innen dieser Theorie als „Bestechung" gesehen. Bill Gates tat das, um über eine Impfkampagne seine Mikrochips zu verbreiten. Weiter befeuert wurde diese Theorie durch einen Auftritt von Bill Gates im Jahr 2015, als er vor den Gefahren einer potenziellen Pandemie warnte.

Auch Barack Obama tat dies, er wies angeblich ebenfalls bereits vor der Corona-Pandemie auf die Gefahren einer möglichen Pandemie hin. Ca. 9 % derer, die dieser Theorie Glauben schenken, gehen auch davon aus, dass Barack Obama kein Mensch, sondern ein Reptiloid sei, mit außerirdischem Ursprung, der wie eine Art Formwandler einen Menschen mime.

Des Weiteren würden sich Bill Gates und ein Großteil weiterer reicher Menschen vom Blut in Höhlen gezüchteter Kinder künstlich jung halten. Immerhin etwa 15 % der Verschwörungs-gläubigen in Deutschland glauben dies. Berühmte Anhänger*innen dieser kruden Theorien sind Xavier Naidoo und Sido.

COVID-19 ist viel gefährlicher, als die Medien preisgeben

Die Gruppe derer, die COVID-19 für viel gefährlicher halten, als die Medien preisgeben, ist in Deutschland sehr klein. Sie spaltet sich in religiös und nicht religiös assoziierte Verschwö-rungsmythiker*innen auf. Die religiösen Anhänger*innen teilen sich wiederum nach ihren jeweiligen Religionen auf.

Einige Moslems zum Beispiel sehen in COVID-19 eine Botschaft von Allah. Die Menschen sollen wieder lernen, nach der Scharia zu leben. Die Rituale des täglichen Händewaschen vor dem Beten, die moslemisch tradierten Werte wie keine Menschen außerhalb der Familie zu berühren, keinen Alkohol zu trinken, keine Partys zu feiern, nicht ins Kino oder in den Club zu gehen, sein Haupt zu bedecken und zu Hause im Rahmen der Primärfamilie zu sein, werden nun auch von der westlichen Welt von den Regierungen vorgegeben. Dass zur Zeit des Lockdowns die Pilgerfahrt nach Mekka oder das Freitagsgebet in der Moschee nicht stattfinden konnten, wurde ebenfalls innerhalb dieser Theorie bestätigt, denn Allah habe nun vorübergehend seine Tore geschlossen.

Viele Anhänger*innen des christlichen Glaubens, vor allem Evangelikale in Amerika, sehen ebenfalls in COVID-19 eine Botschaft Gottes. Gott wolle nun endgültig Sodom und Gomorrha auf Erden Einhalt gebieten. Auch sie nennen als Beweis ihrer Theorie die Rückkehr zu tradierten und konservativen Werten wie Alkoholverbot, Club- und Bordellschließungen sowie sich nur im engeren Familienkreis bewegen zu können.

Es soll eine Massenpanik vermieden werden, so die nicht religiös assoziierten Theorien. Sars-CoV-2 sei so etwas wie ein über die Luft übertragbares HI-Virus, das nach einer Infektion in uns schlummere und uns irgendwann töten werde. Die Regierungen wissen das, geben es jedoch nicht bekannt, um eine Massenpanik zu vermeiden. Ähnlich wie bei einer HIV-Infek-tion bekomme man nach einer Karenzzeit erst einmal eine Grippe, an der immunschwache, alte Menschen oder Vorerkrankte sofort sterben können. Bei allen anderen bleibe das Virus im Körper, jedoch erst mal ohne weitere Symptome.

USA

Nach dem Mord von George Floyd in Minnesota am 25.05.2020 breitete sich in den USA ebenfalls sehr schnell eine neue Verschwörungserzählung aus. Der weiße Polizist habe den Afroamerikaner Floyd mit weit im Vorfeld geplanter Absicht getötet, um Liberale, Linke und Afroamerikaner auf die Straße zu treiben. Zusätzlich zum Tränengas verwende die Polizei nun Sars-CoV-2. COVID-19 sei von Anfang an ein Plan von Donald Trump gewesen, um die unliebsamen Demokraten loszuwerden.

Fazit

Viele Theorie- bzw. Glaubensentstehungen waren sehr stark davon abhängig, wie die Menschen, Gesellschaften, Gruppierungen und Kohorten in die Corona-Pandemie gingen. Der Rassismus in Amerika war schon vor der Pandemie ein Thema. Das Misstrauen in die deutsche Bundesregierung war ebenfalls bei einigen Bevölkerungsschichten weit vor der Pandemie sehr stark beschädigt. Die Berichterstattung der Leitmedien wurde ebenfalls weit vor der Pandemie von vielen Menschen angezweifelt, vor allem im politisch extremen Lager. All diese Zweifel haben nun durch Corona eine neue Rahmung bekommen. Die Geschichte kann noch so absurd klingen, solange sie die gleichen Feindbilder wie davor bedient, haben die meisten Anhänger*innen dieser Theorien ein für sich stimmiges Gefühl. Der neue „Glaube" spendet nun so ein Gefühl von Stimmigkeit.

Relativ zeitnah nach dem Lockdown schoss die Anzahl derer, die zu den sogenannten Verschwörungsgläubigen gezählt werden können, in die Höhe.

Durch den Beginn der Krise und den Lockdown veränderte sich auch das Medienverhalten sehr stark. Ein Teil entdeckte die Tagesschau wieder für sich, ein anderer Teil den YouTube-Kanal. Und voilà, hier waren sie, die neuen Corona-Promis, von denen die meisten zuvor noch nie etwas gehört hatten: Prof. Dr. Streeck, Prof. Dr. Wieler, Prof. Dr. Drosten und viele weitere mehr, allesamt nicht wirklich mediale Profis. Mit großen Folgen. War jemand kurz davor, seinen oder ihren Job zu verlieren, war dieser Jemand nun auch emotional bedingt anfälliger für Aussagen wie „Corona gibt es nicht, das wird sich alles schnell in Luft auflösen". War jemand zum Beispiel hypochondrisch veranlagt, suchte er oder sie natürlich Medien auf, die von der schlimmsten Pandemie der Menschheit berichteten. Alle Extremist*innen waren nun in ihrer Filterblase und sahen täglich ihre Fantasien und Konstrukte bestätigt. Vor allem suchten sie im Internet auch so lange, bis ihre Verschwörungserzählungen immer und immer wieder scheinbar bestätigt wurden.

Die Regierungsverantwortlichen und ihre jeweiligen Aussagen bedingten in vielen Bereichen das Aufkeimen von Verschwörungszellen. Die bekannte abwartende Haltung der Kanzlerin empfanden viele während des Lockdowns als unangebracht, andere wiederum lobten sie dafür. Dazwischen gab es in der Regel nicht viele Menschen. Nicht förderlich war der von vielen wahrgenommene Wahlkampf einiger Politiker*innen: der Nachfolger-Wettkampf ums Bundeskanzleramt, der Wettstreit der Minister*innen der Bundesländer um das „Amt des

Corona-Profis" sowie viele kleine und große Richtungs- und Kurswechsel. Dazwischen immer wieder C-, D-, E-Promis, die ihre Chance sahen, durch die Corona-Krise mediale Aufmerksamkeit zu erhaschen. Waren es noch so sinnlose Debatten, bizarre Ideen oder eben neue Zweifel, all die neuen Promi-Akteure waren vor der Corona-Krise in der Regel nicht für ihre medizinische oder pandemische Expertise bekannt.

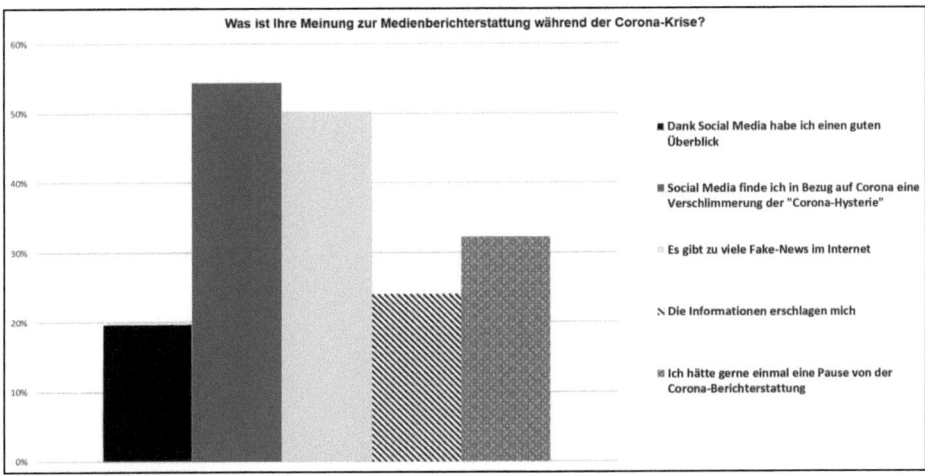

©Institut für Generationenforschung, 28.04.2020, n = 2.514

Was aus all dem folgte, war: mal „Maske ja", mal „Maske nein", mal „Shutdown sofort", mal „Bitte erst nach den Wahlen", mal „Sport machen draußen", mal „Bitte daheim bleiben", mal Polizeikontrolle, mal Gebot, mal Bürgerpflicht, mal „Geld bekommt jeder", mal keiner, mal nur Unternehmen, mal Künstler, mal so, mal „Nein, doch nicht". Es war mehr als der übliche Eiertanz. Während des Lockdowns waren die Beobachtungen, die Bewertungen und Betrachtungen viel intensiver und sensibler. Vor allem war auch die Geschwindigkeit der Veränderungen für viele etwas völlig Neues. Was gestern war, zählte heute nicht mehr. Es gab ein Gefühl von Informationsflut auf der einen Seite und Informationsmangel auf der anderen. Gut gemacht hat es niemand, aber, wie man fairerweise sagen muss, auch nicht wirklich schlecht. Deutschland hat die Pandemie im internationalen Vergleich sehr gut gemeistert. Der Dank? 14 % glauben nun an einen Verschwörungsmythos, an einen größeren Plan hinter Corona.

Dass viele Menschen so einem stürmischen Kurs mit so vielen Richtungswechseln mit täglich neuen Facetten nicht mehr folgen wollten, ist nüchtern betrachtet nur nachvollziehbar. Und so gibt es eben viele Menschen, die eine einfache und vor allem geradlinige Geschichte bevorzugen. Nur wir müssen alle da wieder raus, gemeinsam und mit dem gleichen Verständnis für Demokratie. Eine Querfront, wie sie viele „Hygiene-Demos" provoziert haben, kann am Ende nicht nur gefährlich für die Gesundheit sein. Denn wenn sich extrem Linke und extrem Rechte mit weiteren Extremist*innen mischen, kann sehr schnell eine große Kohorte mit extremem Gewaltpotenzial entstehen. Ganze Regierungen wurden so schon entmachtet.

Die meisten Verschwörungserzählungen verbreiten sich heute über Social Media. Ein geübter Blick erkennt sehr schnell, ob es sich um Fake News oder um eine tatsächliche Berichterstattung handelt. Oft sind Jüngere (Generation Z) schneller im Erkennen, ob es sich um ein echtes Video oder Bild handelt, als ältere Menschen (Maas 2019). Bei jeder Botschaft mit brisantem oder exklusivem Wert sollten Sie immer die Quelle prüfen! Gab es diese Nachricht auch auf anderen Kanälen? Gibt es weitere Quellen dazu? Sind die Quellen bzw. ist die Quelle überhaupt seriös? Am schnellsten erkennt man eine unseriöse Nachricht daran, dass sie polarisierend und/oder emotional wirkt.

9. Akteur*innen in der Corona-Pandemie

Viele Akteur*innen forcieren mit ihrem Verhalten, Aussagen und Berichten die Verunsicherung in der Bevölkerung. Teilweise widersprechen sie mehrmals ihren eigenen Aussagen oder setzen sich unnötig ins mediale Rampenlicht, was bei vielen Menschen zu Verwirrung und Zweifeln führt. Aber auch einige Medien provozieren maximale Verunsicherung. Die folgenden Akteur*innen haben bisher nach Meinung des Autors eine wesentliche Rolle während der Corona-Krise gespielt.

*Virolog*innen in Deutschland*

Prof. Dr. Christian Drosten war zu Beginn der Pandemie der Virologe der Leitmedien. Er ist Institutsdirektor der Virologie an der Berliner Charité. Sein Forschungsgebiet sind neu auftretende Infektionskrankheiten (Gasteiger 2020). Er hat einen Podcast im NDR, in dem er wöchentlich über das Corona-Virus berichtet. Er wird stellenweise sehr kritisch gesehen, da er sich oft selbst widersprochen hat.

Prof. Dr. med. Dr. rer. nat. Alexander S. Kekulé ist der Direktor des Instituts für Medizinische Mikrobiologie des Universitätsklinikums in Halle. Er äußerte mehrfach, dass Deutschland nicht auf eine mögliche Epidemie vorbereitet sei (Möbius 2020). Zuerst war er der Meinung, dass Corona keine größere Gefahr darstellen werde, dann forderte er stärkere Maßnahmen zur Bekämpfung.

Prof. Dr. med. Hendrik Streeck von der Universität in Bonn führte die Heinsberg-Studie durch, die viel in der Kritik stand, da die Dunkelziffer für die Hochrechnungen möglicherweise falsch eingeschätzt wurde (Forschung und Lehre 2020). Ziel dieser Studie war die detaillierte Analyse eines sogenannten Corona-Hotspots, um Erkenntnisse über Dunkelziffer, Gefährlichkeit und Ansteckungsrisiko des Virus zu erhalten. Viele bemängelten auch die zu schnelle Veröffentlichung des Zwischenberichts dieser Studie (Welt 2020a). Ihm wurde von vielen Seiten vorgeworfen, sich gerne in der Öffentlichkeit zu präsentieren.

Prof. Dr. Lothar Heinz Wieler ist Veterinärmediziner und Präsident des Robert Koch-Instituts. Er las die aktuellen Zahlen der Corona-Pandemie wöchentlich vor und wurde auch als „oberster Seuchenbekämpfer" der Nation tituliert (Stalinski 2020). Ende April 2020 sagte er, wir seien erst am Anfang eines Marathons.

Prof. Dr. Melanie Brinkmann ist Virologin. Sie machte im Februar 2020 mit der Aussage auf sich aufmerksam, dass sie hoffe, schnell mit dem Corona-Virus infiziert zu werden, um zeitnah immun gegen Corona zu sein. Diese Behauptung nahm sie später wieder zurück. Brinkmann bemängelte, dass die Politik, die Wissenschaft wie auch die Medien die Psychologie der Menschen nicht richtig beachtet haben und es daher die Hygiene-Demos gebe (HNA 2020).

Politik in Deutschland

Dr. Angela Merkel appellierte mehrmals an den Zusammenhalt in der Gesellschaft, denn nur so können Leben gerettet werden. Angela Merkel hielt eine Rede an die Nation und mahnte die Bevölkerung an, sich an die Regeln und Corona-Maßnahmen zu halten (Stern 2020, Tagesschau 2020a). Dies spaltete die Gemüter, manche hielten die Rede für gelungen, andere wiederum für nichtssagend.

Jens Spahn ist derzeit Bundesgesundheitsminister und hat keine einschlägigen Erfahrungen mit der Medizin. Es wird behauptet, er sei anscheinend den anfänglichen Empfehlungen der WHO nicht nachgegangen. Es sei bekannt gewesen, dass nicht genug Schutzkleidung für eine Pandemie vorrätig sei. Er habe diesbezüglich, so die allgemeine Lehrmeinung, zu spät gehandelt. Noch Mitte Februar 2020 behauptete er, eine Pandemie sei eine irreale Vorstellung. Jens Spahn setzte sich stark für die Einführung der Corona-App ein (Muth 2020). Die Kritik an der Besetzung des Ministers wuchs in der Bevölkerung, da es unzählige Kritikpunkte an seinen getroffenen Maßnahmen gab.

Dr. Markus Söder stach mit seinem weiß-blauen Mundschutz aus der Ministermenge heraus. Der bayerische Ministerpräsident traf sehr zügig Maßnahmen in Bayern und galt als Vorreiter und „Macher". Es gab schnell Befürworter*innen seiner Gangart, aber auch Kritiker*innen, die sein Vorgehen als Selbstinszenierung und Wahlkampf wahrnahmen. Söder verhängte in Bayern als erstem Bundesland die Ausgangsbeschränkungen (Süddeutsche Zeitung 2020a). Seine Umfragewerte stiegen zu Beginn der Pandemie stark an. Viele Bürger*innen schätzen sein schnelles Handeln. Seiner Meinung nach sollte die Maskenpflicht so lange bestehen bleiben, bis es einen Impfstoff gibt.

Dr. Wolfgang Schäuble verteidigte oft die Maßnahmen der Regierung, die während der Corona-Krise getroffen wurden. Jedoch warnte der Bundestagspräsident auch davor, dass nicht alles dem Schutz von Leben untergeordnet werden könne (Süddeutsche Zeitung 2020b). Das CDU-Urgestein merkte an, dass eine Rückbesinnung auf die Prinzipien einer sozialen Marktwirtschaft nach der Pandemie wichtig sei und dass diese neu justiert werden müssen.

Armin Laschet, dem Ministerpräsidenten Nordrhein-Westfalens, wurde öfter vorgeworfen, während der Corona-Krise Wahlkampf für eine potenzielle Kanzlerkandidatur zu betreiben. Laschet selbst äußerte sich dazu, indem er immer wieder betonte, dass er die Corona-Krise sehr ernst nehme. Laschet machte vermehrt auf die Schäden des Lockdowns aufmerksam. In seinem Bundesland wurden bedingt durch den Karneval in Heinsberg viele Menschen mit COVID-19 infiziert (Wernicke 2020). Im Nachgang wurde von vielen Bürger*innen kritisiert, dass der Karneval in gewohnter Weise hatte stattfinden dürfen.

Politik im Ausland

Donald John Trump sagte zu Beginn der Pandemie-Entwicklung, dass kein Land besser vorbereitet oder widerstandsfähiger sei als die Vereinigten Staaten, da sie die beste Wirtschaft, die fortschrittlichste Gesundheitsversorgung und die talentiertesten Ärzte, Wissenschaftler und Forscher der Welt haben. Der US-Präsident äußerte öfter, dass es sich bei Sars-CoV-2 um ein „Chinesenvirus" handle (Münchrath, Rickens, 2020). Viele deuten diese Aussage als rassistisch. Trump gab mehrfach der WHO die Schuld, da sie nicht rechtzeitig davor gewarnt habe; schließlich trat die USA aus der WHO aus.

Boris Johnson (Alexander Boris de Pfeffel Johnson), Premierminister des Vereinigten Königreichs, wurde selbst mit Corona infiziert und lag einige Zeit auf der Intensivstation. Großbritannien weist unter den Corona-Infizierten die höchste Todesrate auf. Es wird kritisiert, dass die Regierung zu langsam reagiert habe und schlecht vorbereitet gewesen sei. Johnson schüttelte noch Hände in Krankenhäusern, in denen bereits Corona-Patienten lagen (Borger 2020). Johnsons Chefstratege, Dominic Cummings, hat mehrmals gegen die Ausgangsbeschränkungen verstoßen, jedoch verteidigte Johnson seinen Berater. Dafür wurde er nachträglich kritisiert.

Xi Jinping, der chinesische Staatschef, gilt als der mächtigste Mann der Welt. Xi erfuhr vom Corona-Virus am 7. Januar 2020. Offiziell äußerte er sich erst zwei Wochen später dazu. Diese Vorgehensweise wurde weltweit stark kritisiert und ließ viele verschiedene Theorien im Ausland entstehen (Deuber 2020). Innerhalb Chinas wurden vermehrt Zweifel gesät, ob das neuartige Virus nicht aus den USA stamme.

Kim Jong-un war während der Corona-Krise in Nordkoreas Medien lange nicht mehr zu sehen. Es wurde spekuliert, der Machthaber sei an COVID-19 erkrankt. Einige Zeit später folgten jedoch neue Bilder, die ihm beim Rauchen einer Zigarette zeigten. Es gab keine offiziellen Informationen, ob das Corona-Virus sich überhaupt in Nordkorea ausgebreitet hat. Später folgte die Vermutung, dass sich Kim Jong-un in seinem Ferienhaus in der Hafenstadt Wŏnsan aufhielt, um einem möglichen größeren Corona-Ausbruch in der Hauptstadt Pjöngjang zu entgehen (Lill 2020).

Sebastian Kurz, österreichischer Bundeskanzler, wurde für sein Handeln während der Corona-Krise international sehr gelobt. Kurz hatte sich in der Corona-Zeit als Macher in Szene gesetzt und wurde von vielen Staatslenker*innen als Vorreiter gesehen. Allerdings wurde er für seine Nachlässigkeit im Ski- und Partyort Ischgl angeprangert, das er Kritiker*innen zufolge zu spät abgeriegelt hatte. Von Ischgl aus haben sich nachweislich Tausende Menschen infiziert (Welt 2020b). Kurz gab an, den Vorwürfen nachgehen zu wollen.

Wirtschaft

Jeff Bezos gilt durch seinen Posten als Amazon-Chef als der größte Profiteur der Corona-Krise. Sein Vermögen stieg um 35 Milliarden Dollar an. Es wird derzeit auf 150 Milliarden US-Dollar geschätzt (Göpfert 2020). Krankenhäuser, Pharmaunternehmen und die WHO nutzen den Cloud-Dienst von Amazon, um zusammen einen Impfstoff zu suchen. Bezos wird oft als geizig kritisiert, da er gemessen an seinem Reichtum verhältnismäßig wenig Geld spendet. In einem Brief an die Aktionär*innen schrieb er, dass sie aus der Corona-Krise gelernt haben, wie wichtig Amazon für die Kunden geworden sei. Jedoch stand Amazon in der Kritik, da für die Mitarbeiter*innen kaum Schutzmaßnahmen getroffen wurden. Es folgten Streiks und Proteste bei Amazon. Viele Kritiker*innen wurden kurzerhand entlassen. Lange Zeit gab es jedoch kaum Verschwörungserzählungen in Zusammenhang mit Jeff Bezos.

Bill Gates wurde als Gründer von Microsoft vermehrt zum Ziel von Verschwörungsmythologien. Sein derzeitiges Vermögen wird auf 100 Milliarden US-Dollar geschätzt. Seine Stiftung, die Bill & Melinda Gates Foundation, hatte viel Geld für die Erforschung eines Impfstoffs gespendet. Das war Anlass, ihm vorzuwerfen, er wolle alle Menschen impfen, um so einen Mikrochip in die Blutbahn zu lenken. Bill Gates wurde mehrfach vorgeworfen, die WHO zum größten Teil zu finanzieren, um Einfluss auf die globale Gesundheitspolitik zu nehmen. Er hatte bereits 2015 in einem TED Talk davor gewarnt, dass die Menschen in Zukunft nicht an Kriegen, sondern an einer Viruspandemie sterben werden und wir auf so einen Fall zu schlecht vorbereitet seien (Tagesspiegel 2020). Er warf Donald Trump mehrfach Versäumnisse in der Corona-Pandemie vor.

George Soros ist ein US-amerikanischer Philanthrop und Investor und kämpft für Demokratie und Liberalismus. Soros' Vermögen wird auf 8,3 Milliarden US-Dollar geschätzt. Soros geht davon aus, dass die Corona-Krise das Überleben unserer Zivilisation bedroht (Augsburger Allgemeine 2020). In vielen osteuropäischen Ländern zählt Soros als Feindbild. Ihm wird mehrfach vorgeworfen, durch seine Migrationspolitik Europa zerstören zu wollen. Soros hatte angeboten, die EU mit ewigen Anleihen zu retten, um ihr AAA-Rating aufrechtzuerhalten, er wurde jedoch ignoriert. Der jüdische Milliardär ist ebenfalls Ziel vieler, vor allem antisemitischer Verschwörungsmythen und wird in einigen dieser Verschwörungsgeschichten mit dem Ausbruch von COVID-19 in Verbindung gebracht.

Deutsche Promis

Xavier Naidoo ist ein Soulsänger und bekennender Reichsbürger. Er glaubt nicht, dass COVID-19 wirklich existiert. Er forderte in vielen Social-Media-Posts mehrfach eindeutige Beweise ein und wollte am Ende Deutschland verklagen. Er sieht die Bundesrepublik Deutschland als eine GmbH. Ihm werden aufgrund von zahlreichen Aussagen Rassismus, Homophobie und Antisemitismus vorgeworfen (Tagesschau 2020c). Naidoo geht nach eigener Aussage davon aus, dass Angela Merkel und Jens Spahn blutrünstige Monster sind, dass unter der Erdoberfläche von Österreich Gnome in Tunnelsystemen leben und dass die Erde flach ist. Naidoo hat zahlreiche Anhänger*innen, darunter auch viele Prominente, die Teile seiner Behauptungen unterstützen.

Attila Hildmann ist Autor und ein bekannter Vegan-Koch. Er selbst bezeichnet sich als Vegan-Papst. Auf verschiedenen Social-Media-Plattformen verbreitet er ähnlich wie Naidoo krude Theorien über COVID-19. Er forderte seine Anhänger*innen dazu auf, gegen diesen Zustand mit Waffengewalt vorzugehen. Des Weiteren rief er mehrfach zu Hygiene-Demos auf. Spahn und Drosten seien Lügner und Verbrecher, die vor ein Strafgericht gestellt werden sollten. Da Hildmann zu einem nicht genehmigten Protest aufgerufen hatte, wurde er kurzfristig von der Polizei festgenommen (Tagesschau 2020b).

Sido gab in einem Interview bekannt, dass er an eine Geheimregierung in Amerika glaube, die Kinderblut trinke, damit reiche Menschen durch das Blut länger leben. Einer dieser „Reichen" sei Bill Gates. Der Rapper kritisierte die Medien und verteidigte Xavier Naidoo und seine skurrilen Aussagen. Später nahm er Teile seiner Aussagen wieder zurück und gab an, nur an das zu glauben, was er selbst auch sehen könne (Thorwarth 2020).

Ken Jebsen verbreitet seit Jahren über die Plattform KenFM via YouTube Verschwörungsmythen. Die Aussagen werden ausschließlich mit unzureichenden, extrapolierten und auch falschen Daten und Quellen belegt. Die Plattform wurde durch ihre irreführenden Behauptungen bekannt und polarisiert durch widerlegbare Aussagen zur Corona-Pandemie. Bei einer Hygiene-Demonstration im April 2020 wurde Jebsen von der Polizei abgeführt, da er die Veranstaltung auf seinem YouTube-Kanal beworben hatte (Schwarzer 2020).

Oliver Pocher ist ursprünglich ein Comedian, der schon fast in Vergessenheit geraten war. Erneute Bekanntheit erreichte er kurz vor der Corona-Krise mit einem Wettstreit mit dem ebenfalls aus den Medien verschwundenen Schlagesänger Michael Wendler. Zu Beginn der Corona-Krise hat er sich laut eigenen Aussagen durch seine Frau mit dem Corona-Virus angesteckt. Er startete in sozialen Netzwerken eine Video-Reihe, in der er verschiedene Influencer*innen verbal attackierte (Nordbuzz 2020). Mittlerweile betreibt Pocher mit seiner Frau Amira einen Podcast, war Gast in diversen Shows wie beispielsweise „Quarantäne-WG" oder „Pocher gefährlich ehrlich". Seine Anhängerschaft hat sich zum jetzigen Zeitpunkt im Vergleich zur Followerzahl vor der Corona-Pandemie auf den Social Media verachtfacht.

Begriffsklärung

Generation beschreibt eine bestimmte Gruppe von Menschen, die aufgrund ihres Alters durch bestimmte gesellschaftliche Ereignisse in ihren Wertvorstellungen im Jugendalter geprägt wurden. Jede Generation hat somit bestimmte Erfahrungen im Laufe ihres Lebens gemacht, die sie in ihren Verhaltensweisen und Sichtweisen auf die Welt prägen. Wirtschaftliche, kulturelle, soziale und ökologische Ereignisse spielen in dieser Art der Prägung eine entscheidende Rolle.

Generation Babyboomer (GenBB): Jahrgänge 1950–1964. Der „Babyboom", der starke Anstieg der Geburtszahlen in den Jahren 1950 bis 1964, führte zur höchsten Geburtenzahl nach dem Zweiten Weltkrieg. Diese Generation wurde vor allem durch das Wirtschaftswachstum in der Nachkriegszeit geprägt und lernte die Vorzüge der Massenproduktion etwa von Autos und Kühlschränken kennen. Diese Generation ist laut den Studien des Instituts für Generationenforschung sehr anfällig für Verschwörungsmythen bezüglich der Corona-Krise.

Generation X (GenX): Jahrgänge 1965–1980. Diese Generation wurde durch eine stark dominierende Arbeitswelt geprägt. Erfolg im Berufsleben, ein hoher Lebensstandard und individualistische Einstellungen machen den Charakter der „Xler" aus. Diese Generation ist laut den Studien des Instituts für Generationenforschung besonders anfällig für Verschwörungsmythen im Rahmen der Corona-Krise.

Generation Y (GenY): Jahrgänge 1981–1994. Die Generation Y wuchs als erste Generation mit Internet und Handy auf. Diese Menschen zählen daher auch zu den „Digital Natives", wurden also in eine digitale Welt hineingeboren. Sie lernten die Vorzüge des Internets kennen, setzen sich intensiv mit dem Thema Nachhaltigkeit auseinander und streben nach Sinnsuche. Man nennt sie daher auch die „Why-ler".

Generation Z (GenZ): Jahrgänge 1995–2010. Sie sind „Social Media Natives", also nicht nur Digital Natives, sondern die Eingeborenen der sozialen Netzwerke; sie wissen sich zu vernetzen und das Internet für sich zu nutzen. Das Internet ist mit den sozialen Netzwerken quasi ihr Lebenselixier. Zu Beginn der Corona-Krise verbreitete diese Gruppe viele Videos und Memes zu Corona-Verschwörungsideen. Nach kurzer Zeit legte sich dieses Phänomen jedoch. Gegen Ende des Lockdowns glaubte diese Generation am wenigsten an Verschwörungsmythen.

Das Institut für Generationenforschung wurde 2017 von den beiden Brüdern Hartwin (Zukunftsforscher) und Rüdiger Maas (Generationenforscher) gegründet. Ziel war von Beginn an, ein besseres Verständnis der Gesellschaft und ihrer Herausforderungen und Trends zu bekommen. Mittlerweile hat sich ein breit aufgestelltes Team aus Psycholog*innen, Soziolog*innen, Politik- und Wirtschaftswissenschaftler*innen, Kommunikationswissenschaftler*innen und Philosoph*innen unter dem Dach des Instituts versammelt. Gemeinsam erforscht das Team die unterschiedlichen gesellschaftlichen Entwicklungen und ihre Herausforderungen an die jeweilige Generation (Maas 2019).

Literatur

Anton, A. 2014. Wirklichkeitskonstruktion zwischen Orthodoxie und Heterodoxie. Zur Wissenssoziologie von Verschwörungstheorien. In: Anton, A.; Schetsche, M.: Walter M. (Hrsg.): Konspiration. Springer VS, Wiesbaden.

AMBOSS – Fachwissen für Mediziner (2020): Prävention. URL: https://www.amboss.com/de/wissen/Pr%25C3 %25A4vention [aufgerufen am 18.05.2020].

Augsburger Allgemeine (2020, 11. Mai). George Soros: „Diese Krise bedroht das Überleben unserer Zivilisation". URL: https://www.augsburger-allgemeine.de/politik/George-Soros-Diese-Krise-bedroht-das-Ueberleben-unserer-Zivilisation-id57363106.html [aufgerufen am 01.06.2020].

Borger, S. (2020). Boris Johnson auf Intensivstation: Wachsende Unsicherheit in Großbritannien. Frankfurter Rundschau vom 8. April 2020. URL: https://www.fr.de/politik/boris-johnson-intensivstation-corona-grossbritannien-regierung-unsicherheit-13644233.html [aufgerufen am 01.05.2020].

Bundesministerium für Gesundheit (2020a): Die Corona-Virus-Chroniken. URL: https://www.bundesgesundheitsministerium.de/coronavirus/chronik-coronavirus.html [aufgerufen in der Zeit vom 01.04.2020 bis 01.05.2020].

Bundesministerium für Gesundheit (2020b): Bundesgesundheitsminister Jens Spahn gibt eine Regierungserklärung zur Bekämpfung des Coronavirus ab. URL: https://www.bundesgesundheitsministerium.de/presse/reden/regierungserklaerung-coronavirus.html [aufgerufen am 04.05.2020].

Conover, M.; Vail. R. (2015): Human Diseases from Wildlife. CRC Press.

Deuber, L. (2020, 15. März). Wie China versucht, die Geschichte des Corona-Ausbruch neu zu schreiben. URL: https://www.sueddeutsche.de/politik/china-coronavirus-xi-jinping-1.4844980 [aufgerufen am 01.04.2020].

Deutschlandfunk (27.04.2020): Präventionsparadox. Wenn der Erfolg der COVID-19-Prävention gefährlich wird. URL: https://www.deutschlandfunknova.de/beitrag/pandemie-und-verhalten-praeventions-paradox-wenn-erfolg-gefaehrlich-wird [aufgerufen am 18.05.2020].

Dunning, D.; Kruger, J. (1999): Unskilled and unaware of it. How difficulties in recognizing one's own incompetence lead to inflated self-assessments. In: Journal of Personality and Social Psychology. Band 77, Nr. 6, 1999, S. 1121–1134.

Festinger, L.; Riecken, H. W.; Schachter, S. (1956). When Prophecy Fails. Minneapolis: Univ. of Minnesota Press.

Festinger, L. (1962): A Theory of Cognitive Dissonace. Stanford University Press.

Feyerabend, P. K. (2016): Wider den Methodenzwang. 14. Auflage. Frankfurt am Main: Suhrkamp.

Forschung und Lehre (2020, 14. Mai). Virologe Streeck wehrt sich gegen Vorwürfe. URL: https://www.forschung-und-lehre.de/politik/virologe-streeck-wehrt-sich-gegen-vorwuerfe-2780/ [aufgerufen am 11.06.2020].

Franzkowiak, P. (18.04.2018): Präventionsparadox. Bundeszentrale für gesundheitliche Aufklärung. URL: https://www.leitbegriffe.bzga.de/alphabetisches-verzeichnis/ praeventionsparadox/ [aufgerufen am 18.05.2020].

Gasteiger, C. (2020, 13. März). Virologe Christian Drosten. Der Corona-Aufklärer der Nation. In: Süddeutsche Zeitung. URL: https://www.sueddeutsche.de/medien/corona-drosten-virologe-1.4843374 [aufgerufen am 15.06.2020].

Göpfert, A. (2020, 15. April). Amazon-Chef Bezos. Seit Silvester 23,6 Milliarden Dollar reicher. URL: https://www.tagesschau.de/wirtschaft/boerse/amazon-bezos-101.html [aufgerufen am 01.05.2020].

Heinrich-Böll-Stiftung (2017). Familien stärken, Vielfalt ermöglichen. Bericht der familien-politischen Kommission der Heinrich-Böll-Stiftung. Band 19. URL: https://www.boell.de/ sites/default/files/familien_starken_-_vielfalt_ermoeglichen_-_bericht_familienpolitische_ kommission.pdf [aufgerufen am 26.05.2020].

HNA (2020, 22. Mai). Virologin mit falscher Prognose. Corona-Virologin gesteht fatale Fehler und weint bitterlich. URL: https://www.hna.de/kultur/tv-kino/markus-lanz-zdf-tv-brinkmann-hamburg-coronavirus-sars-cov-2-weil-thelen-zr-90001711.html [aufgerufen am 10.05.2020].

Kaufmann, S. (20.04.2020): Verschwörungstheorien. Planet Wissen. URL: https://www. planet-wissen.de/gesellschaft/psychologie/verschwoerungstheorien/index.html [aufgerufen am 25.05.2020].

Keller, H. (2011): Autonomie und Verbundenheit sind menschliche Grundbedürfnisse. In: Kinderalltag. Kulturen der Kindheit und ihre Bedeutung für Bindung, Bildung und Er-ziehung. Berlin, Heidelberg: Springer Verlag.

Lill, F. (2020, 28. April). Coronakrise in Korea: Rätsel um Kim Jong Un versetzt den Süden in Sorge. URL: https://www.fr.de/politik/corona-nordkorea-jong-verschwinden-loest-sueden-sorgen-13717250.html [aufgerufen am 01.05.2020].

Maas, R. (2019): Generation Z für Personaler und Führungskräfte: Ergebnisse der Generation-Thinking-Methode. München: Carl Hanser Verlag.

Möbius, K. (2020, 6. Februar). Virologe Alexander Kekulé: „Mit dem Coronavirus können wir alle gut klarkommen". In: MDR Wissen. URL: https://www.mdr.de/wissen/interview-kekule-corona-virus-100.html [aufgerufen am 06.02.2020].

Münchrath, J.; Rickens, C. (2020, 25. März). „Heilmittel schlimmer als das Problem": Trump stößt Debatte um Corona-Maßnahmen an. URL: https://www.handelsblatt.com/politik/international/pandemie-heilmittel-schlimmer-als-das-problem-trump-stoesst-debatte-um-corona-massnahmenan/25676150.html?ticket=ST-7203091-271Gn6NIfzctlZ72eeId-ap2 [aufgerufen am 27.03.2020].

Muth, M. (2020, 14. Juni). Corona-Warn-App startet am Dienstag. Süddeutsche Zeitung. URL: https://www.sueddeutsche.de/digital/corona-app-start-dienstag-1.4935639 [abgerufen am 15. Juni 2020].

Neyman, C. (2017): A Survey of Addictive Software Design. 1, 1, Article 1 (June 2017).

Nordbuzz (2020, 8. Mai). Oliver Pocher (RTL): Neues Hobby in Corona-Isolation. Komiker geht auf Influencer los. URL:https://www.nordbuzz.de/people/oliver-pocher-hannover-rtl-hobby-corona-influencer-werbung-instagram-videos-ehefrau-amira-zr-13712804.html [aufgerufen am 02.06.2020].

Pipes, D. 1998. Verschwörung. Faszination und Macht des Geheimen. München: Gerling-Akademie-Verlag.

Reintaler, H. (2015): Verschwörungstheorien: Theorie – Geschichte – Wirkung. Studien-Verlag.

Rose, G. (1992). The Strategty of Preventive Medicine. Oxford: University Press

Schwarzer, M. (2020, 15. Mai). Virales Verschwörungsvideo: Wer ist Ken Jebsen – und was will er? URL: https://www.rnd.de/medien/virales-verschworungsvideo-wer-ist-ken-jebsen-und-was-will-er-LU5P3VQBPFGYJGQHCXASYRW3CY.html [aufgerufen am 02.06.2020].

Skopp G. et al. (2016): Tödliche Vergiftung mit Desinfektionsmittel, Int J Legal Med basierend auf: Schmitt G. et al. (1995): Jahrestagung der Deutschen Gesellschaft für Rechtsmedizin. Heidelberg.

Smith, E.; Mackie, D. (2000): Social Psychology. Psychology Press, 2. Auflage.

Stalinski, S. (2020, 8. April). Lothar Wieler im Porträt. Plötzlich im Rampenlicht. Tagesschau. URL: https://www.tagesschau.de/inland/portrait-wieler-101.html [aufgerufen am 11.05.2020].

Stern (2020, 11. März). Merkel appelliert in Corona-Krise an Solidarität der Bürger. URL: https://www.stern.de/news/merkel-appelliert-in-corona-krise-an-solidaritaet-der-buerger-9177754.html [aufgerufen am 10.05.2020].

Süddeutsche Zeitung (2020a, 29. März). Söder verteidigt Bayerns Maßnahmen in der Corona-Krise. URL: https://www.sueddeutsche.de/gesundheit/gesundheit-muenchen-soeder-verteidigt-bayerns-massnahmen-in-der-corona-krise-dpa.urn-newsml-dpa-com-20090101-200329-99-512315 [aufgerufen am 09.06.2020].

Süddeutsche Zeitung (2020b, 26. April). Wolfgang Schäuble warnt vor Überlastung des Staates. URL: https://www.sueddeutsche.de/gesundheit/gesundheit-wolfgang-schaeuble-warnt-vor-ueberlastung-des-staates-dpa.urn-newsml-dpa-com-20090101-200426-99-836126 [aufgerufen am 01.05.2020].

Tagesschau (2020a, 13. März). Merkel zu Corona-Krise „Wo möglich auf Sozialkontakte verpflichten" URL: https://www.tagesschau.de/inland/coronavirus-deutschland-merkel-101.html [aufgerufen am 10.05.2020].

Tagesschau (2020b, 4. Mai). Proteste gegen Corona-Regeln – Weniger Demo-Teilnehmer als erwartet. URL: https://www.tagesschau.de/inland/corona-proteste-109.html [aufgerufen am 02.06.2020].

Tagesschau (2020c, 11. März). Nach Rassismus-Vorwürfen: RTL setzt Zusammenarbeit mit Naidoo aus. URL: https://www.tagesschau.de/inland/naidoo-115.html [aufgerufen am 02.04.2020].

Tagesspiegel (2020, 26. März). Bill Gates wusste es schon 2015. „Wir sind nicht bereit für eine Epidemie". URL: https://www.tagesspiegel.de/politik/bill-gates-wusste-es-schon-2015-wir-sind-nicht-bereit-fuer-eine-epidemie/25684792.html [aufgerufen am 01.04.2020].

Thorwarth, K. (2020, 14. Mai). Sido und die große Verschwörung: Verschwurbeltes zu Kinderblut und Xavier Naidoo. In: Frankfurter Rundschau. URL: https://www.fr.de/meinung/sido-rapper-verschwoerung-kinderblut-xavier-naidoo-video-ali-therapie-13759812.html [aufgerufen am 02.06.2020].

WELT (2020a, 13. Mai). Virologe Streeck „persönlich ganz schön getroffen" von Vorwürfen URL: https://www.welt.de/wissenschaft/article207957651/Heinsberg-Studie-zu-Corona-Virologe-Streeck-persoenlich-getroffen.html [aufgerufen am 12.06.2020].

WELT (2020b, 14. Mai). Kein Mundschutz, fehlender Abstand – Kanzler Kurz in der Kritik
URL: https://www.welt.de/politik/ausland/article207964973/Corona-Kritik-an-Sebastian-
Kurz-Kein-Mundschutz-kein-Abstand.html [aufgerufen am 01.05.2020].

Wernicke, C. (2020, 10. April). Laschet und die Phase 2. In: Süddeutsche Zeitung.
URL: https://www.sueddeutsche.de/politik/coronavirus-ausgangsbeschraenkungen-studie-
nrw-1.4873414 [aufgerufen am 01.05.2020].

Uni Kassel: Exkurs Mäeutik. URL: https://www.kde.cs.uni-kassel.de/wp-content/uploads/
lehre/ss2004/datenbanken/folien/4Folie_Maeeutik.pdf [aufgerufen am 25.05.2020].

WHO Timeline – COVID-19: URL: https://www.who.int/news-room/detail/27-04-2020-
who-timeline---covid-19 [zuletzt aufgerufen am 20.06.2020].

Yardi, S.; Byod, D. (2010): Dynamic Debates: An Analysis of Group Polarization over Time
on Twitter. Bulletin of Science, Technology and Society, 20, S. 316–327.

Zelinka, U. (1997): Sicherheit – ein Grundbedürfnis des Menschen? In: Sicherheit in der
unsicheren Gesellschaft. Wiesbaden: VS Verlag für Sozialwissenschaften | Springer Fach-
medien.

Zimbardo, G. (1996). Soziale Einflüsse und Prozesse. In: Psychologie, 7. Auflage. Berlin:
Springer Verlag.

Ein großes Dankeschön
an Studienrat Roland Maas,
der mit viel Engagement und Ideenvielfalt
unser Konzept unterstützt hat.

Die Corona-Studien des Instituts für Generationenforschung

Rüdiger Maas (Diplom-Psychologe, Generationenforscher): „Als Psychologe war es interessant zu sehen, wie die Menschen mit der Corona-Krise insgesamt umgehen, aber auch wie das Verhalten Einzelner sich auf unsere Gesellschaft auswirkt. Die Menschen der verschiedenen Generationen reagierten teils völlig unterschiedlich auf externe Umstände, was mich veranlasste, die jeweiligen Phänomene genauer zu analysieren: Hamsterkäufer*innen, Vernunftspaniker*innen, Verschwörungsgläubige, Impfgegner*innen, Wissenschaftshörige oder Pankiverbreiter*innen. Corona hat nahezu jedem erst mal einen Riegel vor ein „Weiter so" geschoben. Die weltweiten Einschränkungen zu analysieren bedeutet, jeden Tag spannungsgeladen die Ergebnisse zu analysieren und zu kombinieren. Ein unfassbarer Schatz für jeden Psychologen und Soziologen."

Hartwin Maas (Diplom-Wirtschaftsingenieur, Zukunftsforscher): „Ob die Reduktion des CO_2-Ausstoßes oder der politische Wandel während der Krise, nur sehr selten gibt es in einer so kurzen Zeitperiode eine derart hohe Anzahl Themen, die die ganze Welt beschäftigen. Um all diese Themen greifbar zu machen, benötigt man fundierte Daten in sehr verschiedenen Bereichen. Mit den Corona-Studien haben wir es geschafft, kontinuierlich die relevantesten Bereiche zu analysieren. Dies bedeutete, einen täglichen Spagat zwischen Aktualität, Relevanz und wöchentlichen Richtungswechseln zu meistern."

Dennis Berndt (Informations- und Wirtschaftswissenschaftler): „Die Thematik der Verschwörungserzählungen ist ein wichtiges Thema, über das man auch offen reden sollte. Durch eine Ausgrenzung aufgrund einer anderen Weltsicht kann die Gesellschaft insgesamt erheblichen Schaden nehmen. Eine faktenbasierte Sicht auf die Dinge kann Menschen aber auch wieder zusammenbringen. Wenn alle auf die gleichen Informationen zurückgreifen, wird zumindest ein Aneinander-Vorbeireden verunmöglicht. Mit unseren Corona-Studien wollen wir hierfür ein Beitrag leisten."

Kathrin Peters (Soziologin): „Das Verhalten der Gesellschaft in Krisen wird schon sehr lange untersucht. Jedoch sieht man immer wieder aufs Neue, dass es weniger um eine Vorhersage des Verhaltens einer Gesellschaft geht; vielmehr steckt ein fast schon philosophischer Ansatz dahinter, was die Menschen und ihre Gesellschaft bewegt, in einer Krise so zu handeln, wie sie es tun, teils so irrational, dass es ohne Intervention zu einer Spaltung der Gesellschaft käme. Die Untersuchung dieser Irrationalität war Teil unserer wissenschaftlichen Untersuchung."

Luana Erler (Social-Media-Expertin): „Ziel war es von Anbeginn der Corona-Studien, die unterschiedlichen Herausforderungen der jeweiligen Generationen wie auch die Genese von Verschwörungsmythen und deren Anhänger*innen zu analysieren."

Die Corona-Krise

Um zu erkennen, wie und wann sich die beschriebenen Theorien entwickelt haben, aber auch um die Haltung der Menschen bezüglich der Corona-Krise besser zu verstehen, ist eine retrospektive, chronologische Betrachtung der Krise dienlich. Was hat die Menschen dazu bewegt, nach einem bestimmten Ereignis wie dem Beschluss des Lockdowns oder der Lockerung des Lockdowns nun doch an der Corona-Geschichte zu zweifeln?

Die Daten des Instituts für Generationenforschung zeigen, dass bestimmte Ereignisse wie der vermehrt auftretende Richtungswechsel seitens der Regierung und in einzelnen Aussagen von Wissenschaftler*innen Einstellungs-, Wahrnehmungs- und Meinungsänderungen in der Bevölkerung hervorgerufen hat. Was genau passiert ist und wie sich das auf die Stimmung der Menschen ausgewirkt hat, wird in der Timeline durch die Gegenüberstellung der erhobenen Daten sehr deutlich.

„The Way of Corona"

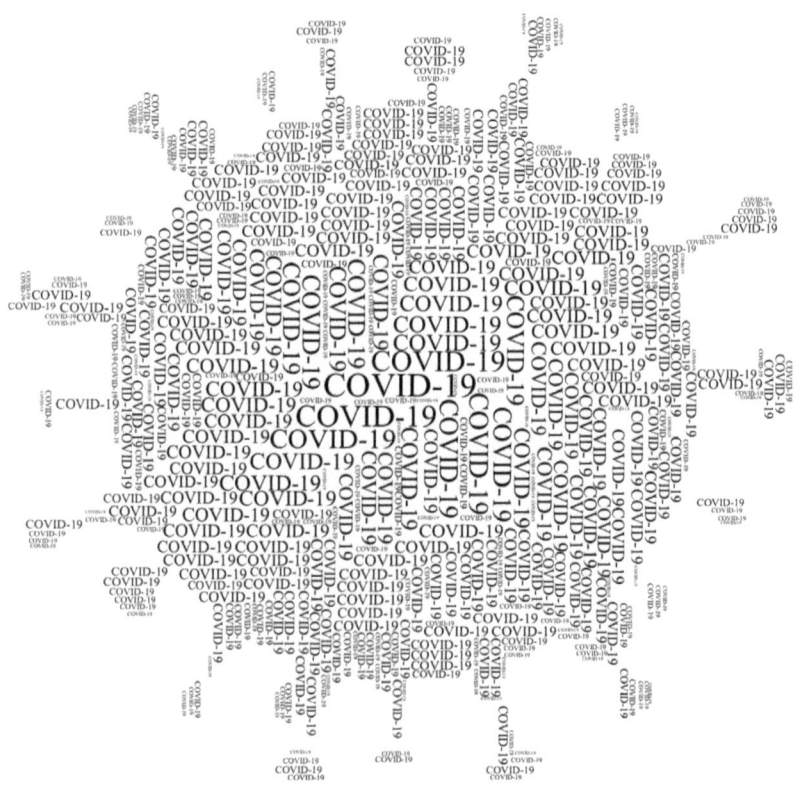

Beginn der Corona-Krise

Januar 2020

7. Januar 2020	Xi Jinping gibt erstmals Anweisungen zur Bekämpfung des neu-artigen Corona-Virus.
9. Januar 2020	Es wird bekannt, dass eine Lungenkrankheit durch ein bisher unbekanntes Corona-Virus ausgelöst wird.
20. Januar 2020	Das neuartige Corona-Virus verlässt China und wird jetzt auch in Südkorea, Japan und Thailand nachgewiesen.
21. Januar 2020	Es wird bekannt, dass eine Mensch-zu-Mensch-Übertragung des neuartigen Corona-Virus möglich ist.
23. Januar 2020	**Die WHO gibt in einem offiziellen Statement bekannt, dass das neuartige Virus keine internationale Notlage darstellt.**
25. Januar 2020	Das Virus erreicht Europa (Frankreich meldet drei bestätigte Fälle). Prof. Dr. Lothar H. Wieler, Präsident des Robert Koch-Instituts, relativiert die länderübergreifende Gefahr des neuartigen Virus.
28. Januar 2020	Der erste Corona-Fall in Deutschland wird im Landkreis Starnberg in Bayern bestätigt. Dieser Fall ist vermutlich auf infizierte Mitar-beiter*innen des Unternehmens Webasto zurückzuführen, die sich bei einer chinesischen Mitarbeiterin während einer Schulung in Deutschland angesteckt haben.
30. Januar 2020	**Die WHO ruft nun offiziell die internationale Notlage aus.** Die Zahl der Infektionen übertrifft zum ersten Mal die Zahl der Infektionen der SARS-Pandemie von 2002/2003. Es gibt nun bestätigte Infektionen in allen Provinzen Chinas.
31. Januar 2020	Die deutsche Luftwaffe holt insgesamt 130 Menschen aus China nach Deutschland zurück. Unter den Passagieren sind keine Infektionen bekannt. **Die Bundesärztekammer äußert Besorgnis über den Zustand der Krankenhäuser im Falle einer möglichen Pandemie in Deutschland.**

Der Weg des Virus zur Klassifizierung als Pandemie

2.–16. Februar 2020

2. Februar 2020	Die Maschine der Luftwaffe mit den Rückkehrern aus China landet in Deutschland. Die Passagiere werden für 14 Tage in einer Kaserne in Germersheim unter Quarantäne gestellt. Zwei der Passagiere werden nun doch positiv auf das neuartige Virus getestet und in einem Krankenhaus behandelt.
3. Februar 2020	**Gesundheitsminister Jens Spahn äußert in einer Pressekonferenz, Deutschland sei auf die potenzielle Pandemie gut vorbereitet.**
4. Februar 2020	Die Zahl der Infizierten steigt weltweit auf 20.000. **Die WHO gibt bekannt, dass die Kriterien für eine Einstufung als Pandemie noch nicht erfüllt sind.**
6. Februar 2020	**Der chinesische Arzt Li Wenliang, einer der ersten Experten, die vor dem Virus gewarnt haben, stirbt.**
7. Februar 2020	Es werden Infektionen auf mehreren Kreuzfahrtschiffen bekannt. Alle Schiffe stehen nun mindestens unter zweiwöchiger Quarantäne.
9. Februar 2020	Die Zahl der durch das Corona-Virus getöteten Personen steigt auf 908. Anmerkung: Während der Sars-Pandemie 2002/2003 gab es insgesamt 774 Todesopfer.
11. Februar 2020	Die durch das neuartige Corona-Virus (Sars-CoV-2) ausgelöste Krankheit bekommt von der WHO die offizielle Bezeichnung COVID-19. In China steigt die Zahl der Opfer auf 1.000. Die WHO hält in Genf einen zweitägigen Expertengipfel mit 400 Expert*innen zum Thema „Umgang mit dem Sars-CoV-2-Virus" ab.
12. Februar 2020	Der WHO-Expertengipfel tagt erneut. **Gesundheitsminister Jens Spahn äußert sich offiziell mit der Aussage: „Es ist noch nicht absehbar, ob das neuartige Virus zur Pandemie wird."**
15. Februar 2020	In Europa gibt es den ersten bestätigten Corona-Toten in Frankreich.
16. Februar 2020	Für die Passagiere der Rückholaktion der deutschen Luftwaffe endet die Quarantäne.

Das neuartige Corona-Virus breitet sich weltweit aus

18.–25. Februar 2020

18. Februar 2020	Am Forex-Währungsmarkt ist ein deutlicher Einbruch des Euro zu verzeichnen.
19. Februar 2020	Die Quarantänemaßnahmen für Passagiere eines der Kreuzfahrt- schiffe, der Diamond Princess, endet. Die Passagiere des Kreuzfahrtschiffs Westerdam befinden sich weiterhin in Quarantäne, vor der Küste Kambodschas. Im Iran kommt es zu den ersten COVID-19-bedingten Todesfällen.
20. Februar 2020	Die Zahl der Corona-Infektionen außerhalb der Volksrepublik China steigt auf über 1.000 an.
21. Februar 2020	In Italien gibt es den ersten bestätigten Corona-Todesfall. In mehr als zehn italienischen Städten schließen für mindestens eine Woche Schulen, Behörden, öffentliche Gebäude, Lebensmittelgeschäfte, Bars, Diskotheken und Sportzentren.
23. Februar 2020	Italien verzeichnet mit 79 Corona-Infektionen die meisten innerhalb der Europäischen Union. Es werden weiter Städte im Norden Italiens komplett abgeriegelt.
24. Februar 2020	Die Zahl der Corona-Toten in China steigt auf 2.600 an. Die WHO stuft die aktuelle Corona-Situation in der Provinz Wuhan als Höhepunkt der Krise ein. Weltweit brechen die Aktienkurse an den Börsen massiv ein. Der Goldpreis steigt an. Die Ölpreise sinken. **Gesundheitsminister Jens Spahn gibt öffentlich bekannt, dass Deutschland nicht wie Italien abgeriegelt werden muss.**
25. Februar 2020	Innerhalb Europas wird die Ansteckungsgefahr seitens der EU als niedrig bis moderat eingeschätzt. Auf Teneriffa werden 1.000 Tourist*innen eines Hotels nach einem bestätigten Corona-Fall unter Quarantäne gestellt.

COVID-19 erlangt den Status einer Pandemie

26.–29. Februar 2020

26. Februar 2020	Die WHO meldet offiziell, dass die Zahl der Corona-Fälle außerhalb Chinas die Fallzahlen in China überstiegen hat.
27. Februar 2020	Das Innen- und das Gesundheitsministerium in Deutschland bilden einen Krisenstab und besprechen erneut die aktuelle Lage zur möglichen Corona-Pandemie.
28. Februar 2020	Der Vorsitzende des Weltärztebundes, Ardis Dee Hoven, spekuliert, dass ein Impfstoff frühestens 2021 verfügbar wäre. **Die WHO gibt bekannt, dass die neuartige Krankheit COVID-19 pandemisches Potenzial aufweist.**
29. Februar 2020	Der neu gebildete Krisenstab der Bundesregierung tagt erneut und beschließt Auflagen für die Einreise aus besonders von Corona betroffenen Ländern.

Die Lage vor der Ausgangsbeschränkung

3.–16. März 2020

3. März 2020	Auf der Tagung des Krisenstabs wird das Exportverbot von medizinischer Schutzausrüstung beschlossen.
5. März 2020	**Das Institut für Generationenforschung beschließt, nun wöchentlich bundesweit Daten der Bundesbürger*innen aller Altersstufen zu erheben. Ziel der Erhebungen ist die Erforschung der Krisenwahrnehmung, des Verhaltens, der Einschätzungen und der Entstehungen von Verschwörungserzählungen.**
10. März 2020	Der Krisenstab empfiehlt die Absage aller Großveranstaltungen mit 1.000 oder mehr Teilnehmer*innen. Die Ausgangsbeschränkungen in Italien werden ausgeweitet.
11. März 2020	**Der Generaldirektor der WHO, Dr. Tedros Adhanom Ghebreyesus, erklärt nun offiziell COVID-19 zur Pandemie.**
12. März 2020	In Kliniken innerhalb Deutschlands werden planbare Operationen und Eingriffe verschoben, um genug Kapazitäten für Corona-Patienten zu haben. In Italien kommt es zu einem kompletten Lockdown des öffentlichen Lebens.
13. März 2020	In Bayern und Nordrhein-Westfalen werden die Schulen und Kitas bis voraussichtlich bis 19. April geschlossen. Es findet lediglich eine Notfallbetreuung in Schulen für Kinder von der ersten bis zur sechsten Klasse statt, wenn beide Eltern systemrelevante Berufe ausüben. **Das Institut für Generationenforschung beginnt die erste bundesweite Online-Erhebung.**
15. März 2020	In Spanien werden nun Ausgangsbeschränkungen verhängt.
16. März 2020	In Österreich werden Ausgangsbeschränkungen verhängt. Bayern ruft den Katastrophenfall für eine Dauer von 14 Tagen aus. Bundesweit sollen Medizinstudent*innen als Personal mithelfen, Ärzt*innen in Elternzeit und Ruhestand sollen reaktiviert werden. Restaurants und Lokale dürfen nur noch von 06:00 bis 15:00 Uhr öffnen und max. 30 Personen bewirten. Nur Lebensmittelgeschäfte, Bäckereien, Banken, Drogeriemärkte, Baumärkte, Optiker, Post, Tankstellen und Reinigungen dürfen geöffnet haben.

Datenerhebungen

Von März bis Juni 2020 führte das Institut für Generationenforschung in regelmäßigen Er-
hebungszeiträumen Online-Befragungen über die Wahrnehmung und die psychische wie
auch gesellschaftliche Verarbeitung der aktuellen Corona-Pandemie durch.

Ein Teil des Fragenkatalogs wiederholte sich dabei, um Trends, Richtungen und Themen-
reflexionen zu evaluieren. Der andere Teil bestand aus aktuellen Fragen zu politischen und
pandemischen Richtungswechseln, zum Beispiel zum Lockdown oder zur Maskenpflicht.

Die Datengrundlage war wie folgt verteilt:

Befragung vom 13.03.2020 bis 18.03.2020 n = 1.831 ♀ = 62 % ♂ = 38 % d = 0 %
Alter: mind. 16 Jahre, max. 74 Jahre

Befragung vom 19.03.2020 bis 26.03.2020 n = 2.875 ♀ = 68 % ♂ = 32 % d = 0,1 %
Alter: mind. 16 Jahre, max. 85 Jahre

Befragung vom 14.04.2020 bis 25.04.2020 n = 1.848 ♀ = 65 % ♂ = 35 % d = 0 %
Alter: mind. 16 Jahre, max. 79 Jahre

Befragung vom 28.04.2020 bis 10.05.2020 n = 2.514 ♀ = 58 % ♂ = 42 % d = 0,05 %
Alter: mind. 16 Jahre, max. 80 Jahre

Befragung vom 12.05.2020 bis 18.05.2020 n = 3.578 ♀ = 67 % ♂ = 33 % d = 0,1 %
Alter: mind. 16 Jahre, max. 87 Jahre

Befragung vom 19.05.2020 bis 26.05.2020 n = 2.903 ♀ = 56 % ♂ = 44 % d = 0,05 %
Alter: mind. 16 Jahre, max. 84 Jahre

Befragung vom 27.05.2020 bis 02.06.2020 n = 4.350 ♀ = 62 % ♂ = 38 % d = 0,1 %
Alter: mind. 16 Jahre, max. 88 Jahre

Befragung vom 08.06.2020 bis 15.06.2020 n = 1.514 ♀ = 51 % ♂ = 49 % d = 0 %
Alter: mind. 16 Jahre, max. 77 Jahre

Gesamte Erhebungsdaten vom 13.03.2020 bis 15.06.2020 n = 21.413
Alter: mind. 16 Jahre, max. 88 Jahre

Wie hoch schätzen Sie das Risiko des neuartigen Corona-Virus ein?

	Das betrifft nur die Älteren	Ich finde das alles übertrieben	Ich habe Angst davor	Ich habe etwas Angst davor	Ich habe große Angst davor	Ich habe keine Angst davor
GenBB 56–88 Jahre	4,14 %	3,40 %	7,04 %	35,41 %	7,14 %	42,87 %
GenX 40–55 Jahre	4,17 %	4,17 %	0,00 %	29,17 %	0,00 %	62,50 %
GenY 26–39 Jahre	14,63 %	10,98 %	3,66 %	29,27 %	3,66 %	37,80 %
GenZ 16–25 Jahre	20,63 %	6,35 %	0,00 %	19,05 %	0,00 %	53,97 %
Durchschnitt	**14,75 %**	**7,65 %**	**2,19 %**	**26,23 %**	**2,19 %**	**46,99 %**

©Institut für Generationenforschung. 19.03.2020, n = 2.875 | GenBB (Geburtenjahrgänge vor 1964);
GenX (1965–1979); GenY (1980–1995); GenZ (1996–2010)

Wie sehr vertrauen Sie der Politik, dass sie die richtigen Entscheidungen bezüglich der Corona-Krise trifft? (19.03.2020)

	Einzelne Politiker*innen meistern es gut	Ich habe darüber zu wenig Informationen	Ich denke, unsere Regierung ist damit überfordert	Ich sehe nur Inkompetenz, wenn ich ehrlich bin	Im Großen und Ganzen regelt das unsere Regierung gut	Voll und ganz! Unsere Regierung hat das im Griff
GenBB 56–88 Jahre	30,61 %	5,10 %	3,40 %	7,24 %	46,11 %	7,54 %
GenX 40–55 Jahre	12,50 %	4,17 %	41,67 %	4,17 %	33,33 %	4,17 %
GenY 26–39 Jahre	11,11 %	1,23 %	32,10 %	4,94 %	41,98 %	8,64 %
GenZ 16–25 Jahre	7,94 %	7,94 %	34,92 %	6,35 %	38,10 %	4,76 %
Durchschnitt	**12,09 %**	**3,85 %**	**31,87 %**	**5,49 %**	**40,11 %**	**6,59 %**

©Institut für Generationenforschung. 19.03.2020, n = 2.875 | GenBB (Geburtenjahrgänge vor 1964);
GenX (1965–1979); GenY (1980–1995); GenZ (1996–2010)

Einführung der Ausgangsbeschränkungen

17.–25. März 2020

17. März 2020	Beginn der Ausgangsbeschränkungen in Frankreich. **Markus Söder gibt bekannt, dass es in Bayern noch keine Ausgangsbeschränkungen geben wird.** Laut Umfrage fordert dies jeder zweite Bürger bzw. jede zweite Bürgerin. In Bayern werden alle Freizeiteinrichtungen wie Fitnessstudios, Saunas, Kinos, Bars, Discos, Spielhallen, Hotels, Museen, Theater, Sporthallen, Vereinsheime, Bibliotheken, Tierparks und Jugendhäuser geschlossen.
18. März 2020	Die erste lokale Ausgangsbeschränkung wird für Mitterteich in der Oberpfalz verhängt. Diese gilt vorerst bis 2. April. Es folgen zwei weitere Gemeinden in Oberfranken.
19. März 2020	**Das Institut für Generationenforschung startet die zweite Erhebung.** In Bayern werden die Abschlussprüfungen der Real- und Mittelschulen um 14 Tage verschoben.
20. März 2020	**Bayerns Ministerpräsident Markus Söder kündigt bayernweite Ausgangsbeschränkungen an, die ab Freitag, dem 20.03.2020, 24 Uhr zunächst für zwei Wochen gelten sollen.**
25. März 2020	Der bayerische Landtag beschließt das Gesetz zum Gesundheitsnotstand.

Sehen Sie in der momentanen Corona-Krise eine Chance für die Menschheit? (19.03.2020)

	Habe mir noch keine Gedanken gemacht	Ja	Nein
GenBB 56–88 Jahre	3,45 %	75,00 %	21,55 %
GenX 40–55 Jahre	8,51 %	80,85 %	10,64 %
GenY 26–39 Jahre	12,50 %	72,92 %	14,58 %
GenZ 16–25 Jahre	4,90 %	90,20 %	4,90 %
Durchschnitt	**8,30 %**	**81,42 %**	**10,28 %**

©Institut für Generationenforschung. 19.03.2020, n = 2.875 | GenBB (Geburtenjahrgänge vor 1964); GenX (1965–1979); GenY (1980–1995); GenZ (1996–2010)

Wie ist Ihr Empfinden bezüglich der Corona-Krise? (19.03.2020)

	Ganz normal, wie immer	Ich finde es spannend	Ich habe Angst	Ich habe sehr viel Hoffnung	Meine Stimmung ändert sich ständig	Mich langweilt es
GenBB 56–88 Jahre	19,00 %	12,50 %	21,00 %	37,50 %	6,30 %	3,70 %
GenX 40–55 Jahre	6,38 %	27,66 %	8,51 %	14,89 %	40,43 %	2,13 %
GenY 26–39 Jahre	4,17 %	31,25 %	10,42 %	12,50 %	38,54 %	3,13 %
GenZ 16–25 Jahre	6,86 %	19,61 %	10,78 %	4,90 %	47,06 %	10,78 %
Durchschnitt	**6,32 %**	**25,30 %**	**10,67 %**	**10,67 %**	**41,11 %**	**5,93 %**

©Institut für Generationenforschung. 19.03.2020, n = 2.875 | GenBB (Geburtenjahrgänge vor 1964); GenX (1965–1979); GenY (1980–1995); GenZ (1996–2010)

Erste Woche des Lockdowns: das öffentliche Leben mit Ausgangsbeschränkungen

27.–31. März 2020

27. März 2020	Das bayerische Innenministerium erlässt einen Bußgeldkatalog für Verstöße gegen die Corona-Maßnahmen.
28. März 2020	Das Infektionsschutzgesetz tritt in Kraft und Kanzleramtschef Helge Braun äußert sich, dass es vor dem 20. April keine Maßnahmen-lockerung geben wird.
29. März 2020	In Bayern hat die Corona-Krise Stand 29.03.2020 verheerendere Auswirkungen auf die Wirtschaft als die Finanzkrise 2008.
30. März 2020	In Bayern gelten die Ausgangsbeschränkungen vorerst bis 19. April. In Brandenburg und im Saarland gelten sie bis 20. April.
31. März 2020	Gesundheitsminister Jens Spahn empfiehlt, selbst genähte Stoff-masken zu tragen, da diese vor Infektionen schützen sollen. Er spricht sich jedoch gegen eine Tragepflicht aus. In Bayern ist das THW angehalten, jedes Landratsamt mit 1.000 Liter Desinfektions-mittel zu beliefern.

Stört Sie das Nichteinhalten der Ausgangsbeschränkung bei anderen Menschen? (14.04.2020)

	Ja	Nein	Teilweise
GenBB 56–88 Jahre	41,67 %	33,33 %	25,00 %
GenX 40–55 Jahre	47,62 %	14,29 %	38,10 %
GenY 26–39 Jahre	55,07 %	17,39 %	27,54 %
GenZ 16–25 Jahre	69,57 %	8,70 %	21,74 %
Durchschnitt	**55,88 %**	**15,88 %**	**28,24 %**

©Institut für Generationenforschung. 14.04.2020, n = 1.848 | GenBB (Geburtenjahrgänge vor 1964); GenX (1965–1979); GenY (1980–1995); GenZ (1996–2010)

Wie ist Ihre aktuelle Stimmung bezüglich der Corona-Krise? (14.04.2020)

	Es nervt mich	Ganz normal, wie immer	Ich finde es spannend	Ich habe Angst	Ich habe sehr viel Hoffnung	Meine Stimmung ändert sich ständig	Mich langweilt es	Mich stört der Mainstream der Leute
GenBB 56–88 Jahre	7,13 %	1,20 %	2,60 %	5,30 %	14,07 %	1,70 %	8,33 %	59,67 %
GenX 40–55 Jahre	23,26 %	4,65 %	11,63 %	4,65 %	6,98 %	25,58 %	0,00 %	23,26 %
GenY 26–39 Jahre	23,19 %	1,45 %	17,39 %	8,70 %	5,80 %	33,33 %	2,90 %	7,25 %
GenZ 16–25 Jahre	22,22 %	8,89 %	8,89 %	4,44 %	8,89 %	26,67 %	11,11 %	8,89 %
Durchschnitt	**21,89 %**	**4,14 %**	**12,43 %**	**5,92 %**	**7,69 %**	**27,22 %**	**4,73 %**	**15,98 %**

©Institut für Generationenforschung. 14.04.2020, n = 1.848 | GenBB (Geburtenjahrgänge vor 1964); GenX (1965–1979); GenY (1980–1995); GenZ (1996–2010)

Zweite Woche des Lockdowns: Die Corona-Pandemie zieht ihre Kreise

4.–15. April 2020

4. April 2020	In Bayern herrscht nun ein Aufnahmestopp in Pflegeheimen.
5. April 2020	In Bayern sollen die Pflegekräfte einen Bonus von 500 Euro erhalten.
6. April 2020	Jens Spahn möchte Intensivbetten meldepflichtig machen.
7. April 2020	In Bayern erhalten nun auch Rettungskräfte einen Bonus von 500 Euro. Söder möchte eine Maskenpflicht einführen.
8. April 2020	Die Verordnung zur Beschaffung von Medizinprodukten und persönlicher Schutzausrüstung bei der durch das Corona-Virus SARS-CoV-2 verursachten Epidemie tritt in Kraft.
9. April 2020	Prof. Dr. Drosten verkündet, dass Masken nur für Leute sinnvoll seien, die durch Corona infiziert seien.
14. April 2020	**Das Institut für Generationenforschung beginnt die dritte Datenerhebung.**
15. April 2020	Die Kontaktbeschränkungen werden bis zum 3. Mai verlängert.

Empfinden Sie durch die Corona-Krise eine engere Beziehung zu den Ihnen bekannten Mitmenschen? (14.04.2020)

	Ich habe ich mir noch keine Gedanken gemacht	Ich empfinde keine Veränderung	Ja, mehr als vor der Corona-Krise	Nein, weniger
GenBB 56–88 Jahre	18,18 %	60,24 %	3,40 %	18,18 %
GenX 40–55 Jahre	7,14 %	47,62 %	19,05 %	26,19 %
GenY 26–39 Jahre	7,25 %	36,23 %	23,19 %	33,33 %
GenZ 16–25 Jahre	6,67 %	42,22 %	22,22 %	28,89 %
Durchschnitt	**7,78 %**	**42,51 %**	**20,36 %**	**29,34 %**

©Institut für Generationenforschung. 14.04.2020, n = 1.848 | GenBB (Geburtenjahrgänge vor 1964); GenX (1965–1979); GenY (1980–1995); GenZ (1996–2010)

Denken Sie, die Solidarität nimmt durch die Corona-Krise zu? (28.04.2020)

	Ja	Nein	Keine Angabe
GenBB 56–88 Jahre	31,82 %	40,91 %	27,27 %
GenX 40–55 Jahre	28,57 %	50,79 %	20,63 %
GenY 26–39 Jahre	36,84 %	50,88 %	12,28 %
GenZ 16–25 Jahre	48,53 %	26,47 %	25,00 %
Durchschnitt	**37,62 %**	**41,90 %**	**20,48 %**

©Institut für Generationenforschung. 28.04.2020, n = 2.514 | GenBB (Geburtenjahrgänge vor 1964); GenX (1965–1979); GenY (1980–1995); GenZ (1996–2010)

Das Oktoberfest wird zum ersten Mal abgesagt

16.–27. April 2020

16. April 2020	Großveranstaltungen in Deutschland werden bis zum 31. August 2020 untersagt. Markus Söder gibt bekannt, dass Schulen ab 27. April für den Prüfungsbetrieb wieder öffnen. Treffen mit einer Kontaktperson sind ab jetzt erlaubt.
20. April 2020	Baumärkte, Gartencenter und Gärtnereien öffnen wieder in Bayern. Markus Söder kündigt Maskenpflicht ab 27. April an.
21. April 2020	Das Oktoberfest wird abgesagt.
22. April 2020	Das Paul-Ehrlich-Institut hat die klinische Prüfung eines Corona-Impfstoffs genehmigt.
25. April 2020	Markus Söder befürwortet nun eine Impfpflicht.
27. April 2020	In Bayern herrscht nun eine Mund-Nasen-Maskenpflicht für alle Menschen ab dem 7. Lebensjahr. Bundesweit dürfen nun Geschäfte bis zu einer Größe von 800 qm öffnen. Es dürfen sich aber nur 40 Personen in den Geschäften aufhalten.

Welchen Virologen finden Sie zurzeit am glaubwürdigsten? (28.04.2020)

	A. Kekulé	C. Drosten	H. Streeck	J. Schmidt-Chanasit	Nicht genannt
GenBB 56–88 Jahre	4,00 %	56,00 %	16,00 %	3,00 %	21,00 %
GenX 40–55 Jahre	9,09 %	30,30 %	22,73 %	1,52 %	36,36 %
GenY 26–39 Jahre	3,45 %	48,28 %	15,52 %	3,45 %	29,31 %
GenZ 16–25 Jahre	5,80 %	56,52 %	5,80 %	5,80 %	26,09 %
Durchschnitt	**5,96 %**	**46,33 %**	**14,68 %**	**3,21 %**	**29,82 %**

©Institut für Generationenforschung. 28.04.2020, n = 2.514 | GenBB (Geburtenjahrgänge vor 1964); GenX (1965–1979); GenY (1980–1995); GenZ (1996–2010)

Ranking: Welchem Institut vertrauen Sie während der Corona-Krise am meisten (1 = vertraue am meisten) (28.04.2020)

Ranking	GenBB	GenX	GenY	GenZ
▼ Platz 1	RKI	RKI	RKI	RKI
▼ Platz 2	Charité	Charité	WHO	WHO
▼ Platz 3	Johns Hopkins	Johns Hopkins	Charité	Johns Hopkins
▼ Platz 4	WHO	WHO	Johns Hopkins	Charité
▼ Platz 5	Leopoldina	Leopoldina	Leopoldina	Leopoldina

©Institut für Generationenforschung. 28.04.2020, n = 2.514 | GenBB (Geburtenjahrgänge vor 1964); GenX (1965–1979); GenY (1980–1995); GenZ (1996–2010)

Erste Lockerungen treten ein

2.–11. Mai 2020

2. Mai 2020	Bing Liu, der in der Corona-Forschung tätig war, wird in seiner Wohnung tot aufgefunden.
4. Mai 2020	In Sachsen-Anhalt dürfen sich nun fünf Personen aus verschiedenen Haushalten treffen. In Bayern dürfen Friseure, Fußpflegestudios und Praxen für Physiotherapie wieder öffnen. Auch Gottesdienste sind unter Einhaltung der Corona-Schutzmaßnahmen wieder erlaubt. Demonstrationen bis maximal 50 Teilnehmer*innen sind nun wieder erlaubt.
6. Mai 2020	In Bayern dürfen sich Familienmitglieder wieder gegenseitig besuchen. Die Ausgangsbeschränkungen werden aufgehoben und Spielplätze sind wieder geöffnet. Bundeskanzlerin Merkel lockert die Kontaktbeschränkungen für Deutschland. Angehörige zweier Haushalte dürfen sich nun bundesweit wieder treffen.
8. Mai 2020	In Bayern dürfen sich nun auch Menschen aus zwei Haushalten wieder treffen.
9. Mai 2020	Attila Hildmann wird auf einer Anti-Corona-Demo vor dem Bundestag von der Polizei abgeführt. In Schleswig-Holstein, Brandenburg und Hessen dürfen sich Menschen aus zwei Haushalten wieder treffen. In Bayern darf eine Kontaktperson jemanden im Krankenhaus oder Pflegeheim wieder besuchen. Auch in Bayern findet die erste Anti-Corona-Demonstration statt.
11. Mai 2020	In Nordrhein-Westfalen, Niedersachen, Mecklenburg-Vorpommern und Berlin dürfen sich Menschen aus zwei verschiedenen Haushalten wieder im öffentlichen Raum treffen. Die Bundeskanzlerin Angela Merkel verlängert die Kontaktbeschränkung für Deutschland bis zum 5. Juni. In Frankreich wird die Ausgangsbeschränkung beendet. In Bayern dürfen alle Einkaufszentren wieder öffnen. Kontaktloser Einzelsport ist wieder erlaubt und Schüler der vierten Klasse sowie alle Schüler, die 2021 Abschlussprüfungen haben, dürfen wieder die Schule besuchen. In Baden-Württemberg dürfen sich Personen eines weiteren Haushaltes treffen. Kontaktbeschränkungen sollen auch hier bis 5. Juni anhalten.

Wer profitiert Ihrer Meinung nach am meisten von der Corona-Krise? (12.05.2020)

	Bill Gates	Christian Drosten	Donald Trump	Jeff Bezos	Umwelt
GenBB 56–88 Jahre	17,39 %	4,35 %	3,40 %	40,08 %	34,78 %
GenX 40–55 Jahre	14,71 %	5,88 %	4,41 %	32,35 %	35,29 %
GenY 26–39 Jahre	1,72 %	6,90 %	0,00 %	37,93 %	39,66 %
GenZ 16–25 Jahre	2,86 %	8,57 %	4,29 %	30,00 %	48,57 %
Durchschnitt	**7,76 %**	**6,85 %**	**2,74 %**	**34,25 %**	**40,64 %**

©Institut für Generationenforschung. 12.05.2020, n = 3.578 | GenBB (Geburtenjahrgänge vor 1964);
GenX (1965–1979); GenY (1980–1995); GenZ (1996–2010)

Würden Sie sich gegen COVID-19 impfen lassen? (12.05.2020)

	Ja	Nein
GenBB 56–88 Jahre	43,75 %	56,25 %
GenX 40–55 Jahre	49,09 %	50,91 %
GenY 26–39 Jahre	46,38 %	53,62 %
GenZ 16–25 Jahre	78,00 %	22,00 %
Gesamtergebnis	**51,45 %**	**48,55 %**

©Institut für Generationenforschung. 12.05.2020, n = 3.578 | GenBB (Geburtenjahrgänge vor 1964);
GenX (1965–1979); GenY (1980–1995); GenZ (1996–2010)

Lockerungen und Übergang zur vereinzelten „Normalität"

13. Mai bis 15. Juni 2020

13. Mai 2020	In Thüringen und Rheinland-Pfalz dürfen sich nun auch Personen aus zwei verschiedenen Haushalten treffen.
15. Mai 2020	**Kanzleramtschef Helge Braun gibt offiziell bekannt, dass es keine Impfpflicht geben wird.**
16. Mai 2020	Lothar Wieler, Präsident des Robert Koch-Instituts, gibt offiziell bekannt, dass die Impfpflicht unnötig sei.
18. Mai 2020	Lothar Wieler wiederholt seine Aussage, dass es keine Impfpflicht geben werde. In Sachsen dürfen Kitas und Schulen wieder öffnen. In Bayern dürfen Biergärten wieder bis 20 Uhr öffnen. Der Blockunterricht für Fünft- und Sechstklässler findet statt.
19. Mai 2020	Trump droht der WHO mit Austritt und Zahlungsstopp.
25. Mai 2020	In Bayern dürfen nun auch Innenbereiche von Speiselokalen unter strikten Regeln wieder öffnen. Vorschulkinder dürfen wieder in den Kindergarten.
30. Mai 2020	Hotels dürfen unter strengen Auflagen wieder öffnen.
15. Juni 2020	In Bayern dürfen alle Jahrgangsstufen wieder in die Schule gehen.

Finden Sie es richtig, dass die Fußball-Bundesliga den Betrieb wieder aufnimmt? (12.05.2020)

	Ja	Nein	Teilweise
GenBB 56–88 Jahre	26,53 %	51,02 %	22,45 %
GenX 40–55 Jahre	20,18 %	61,47 %	18,35 %
GenY 26–39 Jahre	10,87 %	73,91 %	15,22 %
GenZ 16–25 Jahre	20,00 %	52,00 %	28,00 %
Durchschnitt	**17,34 %**	**63,58 %**	**19,08 %**

©Institut für Generationenforschung. 12.05.2020, n = 3.578 | GenBB (Geburtenjahrgänge vor 1964); GenX (1965–1979); GenY (1980–1995); GenZ (1996–2010)

Bitte sortieren Sie die folgenden Politiker*innen nach ihrer wahrgenommenen Kompetenz (1 = am kompetentesten) (12.05.2020)

Ranking	GenBB	GenX	GenY	GenZ
▼ Platz 1	Angela Merkel	Angela Merkel	Angela Merkel	Angela Merkel
▼ Platz 2	Markus Söder	Markus Söder	Markus Söder	Markus Söder
▼ Platz 3	Jens Spahn	Jens Spahn	Olaf Scholz	Jens Spahn
▼ Platz 4	Olaf Scholz	Nicht gelistet	Jens Spahn	Olaf Scholz
▼ Platz 5	Armin Laschet	Armin Laschet	Ursula von der Leyen	Wolfgang Schäuble
▼ Platz 6	Wolfgang Schäuble	Wolfgang Schäuble	Armin Laschet	Ursula von der Leyen
▼ Platz 7	Nicht gelistet	Olaf Scholz	Wolfgang Schäuble	Armin Laschet
▼ Platz 8	Ursula von der Leyen	Ursula von der Leyen	Nicht gelistet	Nicht gelistet

©Institut für Generationenforschung. 12.05.2020 n = 3.578 | GenBB (Geburtenjahrgänge vor 1964); GenX (1965–1979); GenY (1980–1995); GenZ (1996–2010)

Weitere Forschungsergebnisse im zeitlichen Verlauf

Aufgrund der wöchentlichen Umfragen des Instituts für Generationenforschung lassen sich aus den Daten zeitliche Trends herausarbeiten, um zu sehen, wie sich die Ansichten verschiedener Generationen während der Krise verändert haben.

Chance für die Menschheit

Die Frage lautete: „Sehen Sie in der Corona-Krise auch eine Chance für die Menschheit?" Die quantitative Erhebung ergab, dass zu Beginn der Pandemie vor allem junge Menschen eine Chance in der Corona-Krise sahen. In parallel durchgeführten qualitativen Interviews wurden die Teilnehmer*innen ebenfalls mit dieser Frage konfrontiert. Als Chance gaben dabei viele an, dass ein sozialer Wandel durch Corona forciert werden oder es eine Erholung des Weltklimas durch eine CO_2-Reduktion und ein einfaches politisches Umdenken hin zu mehr Nachhaltigkeit und sozialer Gerechtigkeit geben könnte. Insgesamt haben die Mitglieder der Generation Z die Corona-Krise am positivsten betrachtet.

Über die Befragungszeitpunkte hinweg brach dieser Euphemismus jedoch in nahezu allen Altersgruppen deutlich ein. Schon einen Monat nach der ersten Umfrage war knapp ein Drittel der 18- bis 25-Jährigen nicht mehr von einem positiven Einfluss verursacht durch Corona überzeugt.

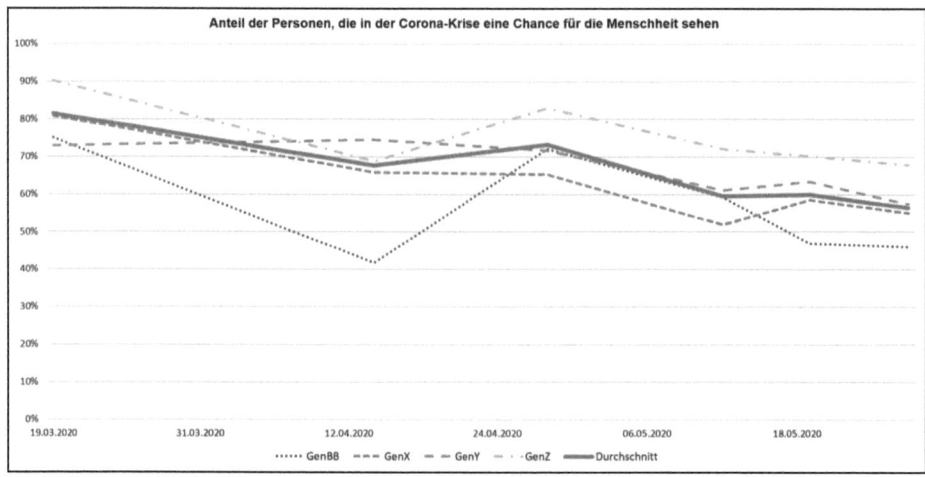

©Institut für Generationenforschung. 19.03.2020, n = 2.875 | 14.04.2020, n = 1.848 | 28.04.2020, n = 2.514 | 12.05.2020, n = 3.578 | 19.05.2020, n = 2.903 | GenBB (Geburtenjahrgänge vor 1964); GenX (1965–1979); GenY (1980–1995); GenZ (1996–2010)

Verschwörungsgläubige

Auf die Frage: „Sehen Sie hinter der Corona-Pandemie einen größeren Plan?" gab es in den einzelnen Alterskohorten viele Schwankungen. Vor allem die jungen Befragten schienen zu Beginn der Pandemie vulnerabler für Verschwörungsgeschichten zu sein. Im späteren Verlauf änderte sich dies drastisch und die Älteren wurden immer überzeugter davon, dass sich hinter der Corona-Pandemie ein versteckter Plan verbirgt.

Die Anzahl der Befragten, die an einen versteckten Plan hinter der Corona-Krise glauben, war nie stringent. Die Darstellung der Verläufe zeigt deutlich die Dynamiken innerhalb der einzelnen Alterskohorten. Ein Richtungswechsel der Politik am 28.04.2020 hatte nachgelagerte Auswirkungen auf deren Glaubwürdigkeit.

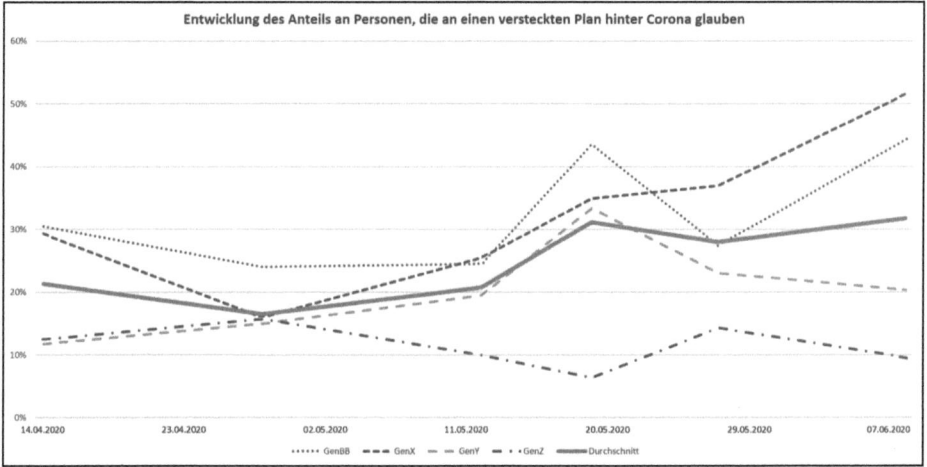

©Institut für Generationenforschung. 19.03.2020, n = 2.875 | 14.04.2020, n = 1.848 | 28.04.2020, n = 2.514 | 12.05.2020, n = 3.578 | 19.05.2020, n = 2.903 | 27.05.2020, n = 3.350 | GenBB (Geburtenjahrgänge vor 1964); GenX (1965–1979); GenY (1980–1995); GenZ (1996–2010)

Anteil der Personen, die ein härteres Durchgreifen der Politik fordern

	19. März 2020	14. April 2020	28. April 2020	12. Mai 2020	19. Mai 2020	27. Mai 2020
GenBB 56–88 Jahre	9,34 %	5,89 %	16,00 %	6,12 %	2,13 %	5,88 %
GenX 40–55 Jahre	17,02 %	9,30 %	7,25 %	8,18 %	5,66 %	7,25 %
GenY 26–39 Jahre	11,34 %	4,35 %	8,33 %	10,79 %	4,44 %	5,75 %
GenZ 16–25 Jahre	11,76 %	10,87 %	15,71 %	12,00 %	12,77 %	9,09 %
Durchschnitt	**12,20 %**	**7,06 %**	**11,16 %**	**9,48 %**	**5,86 %**	**6,95 %**

©Institut für Generationenforschung. 19.03.2020, n = 2.875 | 14.04.2020, n = 1.848 | 28.04.2020, n = 2.514 | 12.05.2020, n = 3.578 | 19.05.2020, n = 2.903 | 27.05.2020, n = 3.350 | GenBB (Geburtenjahrgänge vor 1964); GenX (1965–1979); GenY (1980–1995); GenZ (1996–2010)

Am Anfang der Krise forderten viele ein härteres Durchgreifen der Politik.

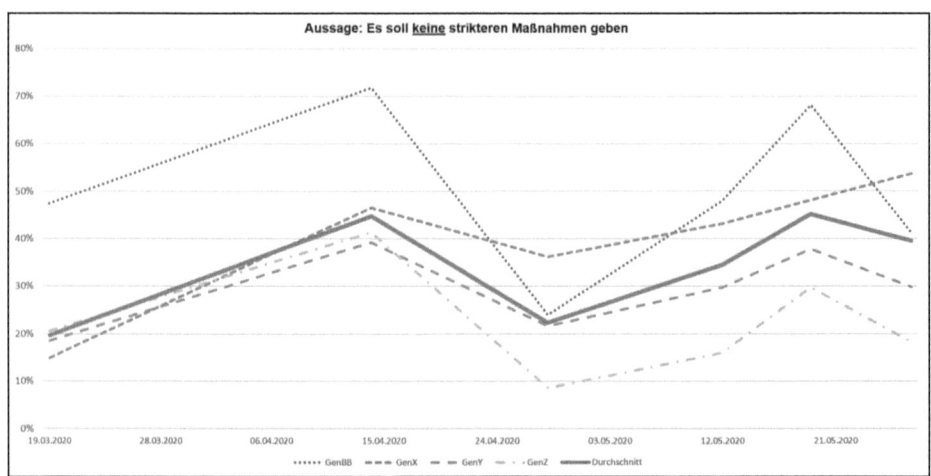

©Institut für Generationenforschung. 19.03.2020, n = 2.875 | 14.04.2020, n = 1.848 | 28.04.2020, n = 2.514 | 12.05.2020, n = 3.578 | 19.05.2020, n = 2.903 | 27.05.2020, n = 3.350 | GenBB (Geburtenjahrgänge vor 1964); GenX (1965–1979); GenY (1980–1995); GenZ (1996–2010)

Es kamen vermehrt Zweifel auf, ob die Grundrechte nach der Corona-Krise in vollem Umfang wieder zurückkehren. Auch dieser Trend war stark von äußeren Einflüssen abhängig und es gab innerhalb der jeweiligen Alterskohorten Trendbewegungen, die am Ende in den sogenannten Hygiene-Demos endeten.

Personen, die glauben, dass die Grundrechte auch nach Corona eingeschränkt bleiben werden

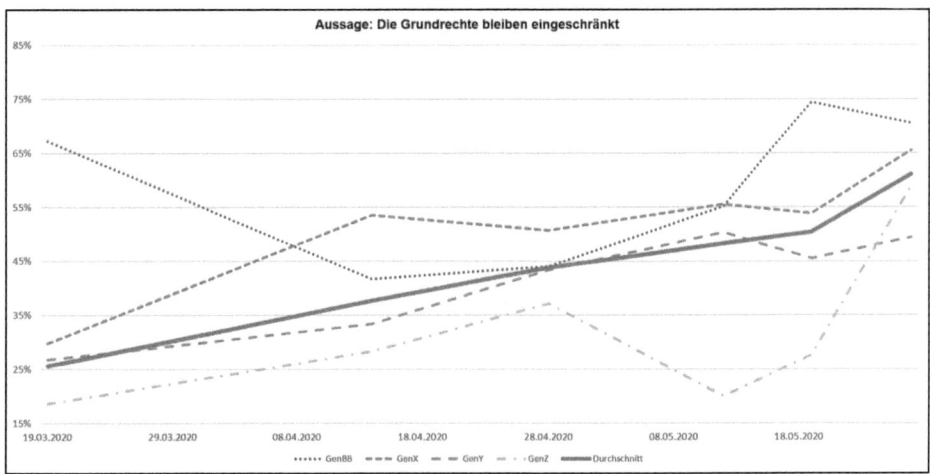

Der Anteil der Personen, die den Corona-Maßnahmen der Politik nicht vertrauen, lässt einen ansteigenden Trend erkennen

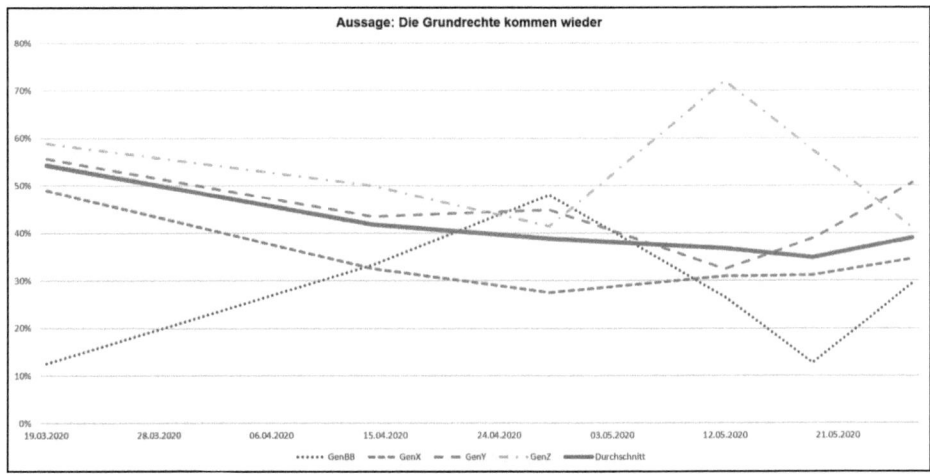

Anteil der Personen, die den politischen Maßnahmen in der Corona-Krise nicht vertrauen

	14. April 2020	28. April 2020	12. Mai 2020	19. Mai 2020	27. Mai 2020
GenBB 56–88 Jahre	50,00 %	15,79 %	39,58 %	65,96 %	56,86 %
GenX 40–55 Jahre	32,56 %	29,82 %	46,36 %	52,83 %	61,31 %
GenY 26–39 Jahre	23,53 %	17,65 %	36,23 %	36,67 %	47,13 %
GenZ 16–25 Jahre	26,67 %	16,95 %	20,00 %	19,15 %	32,73 %
Durchschnitt	**28,57 %**	**20,97 %**	**37,57 %**	**44,48 %**	**52,12 %**

©Institut für Generationenforschung. 19.03.2020, n = 2.875 | 14.04.2020, n = 1.848 | 28.04.2020, n = 2.514 | 12.05.2020, n = 3.578 | 19.05.2020, n = 2.903 | 27.05.2020, n = 3.350 | GenBB (Geburtsjahrgänge vor 1964); GenX (1965–1979); GenY (1980–1995); GenZ (1996–2010)

Der Anteil der Personen, die den Corona-Maßnahmen der Politik nicht vertrauen, lässt einen ansteigenden Trend erkennen

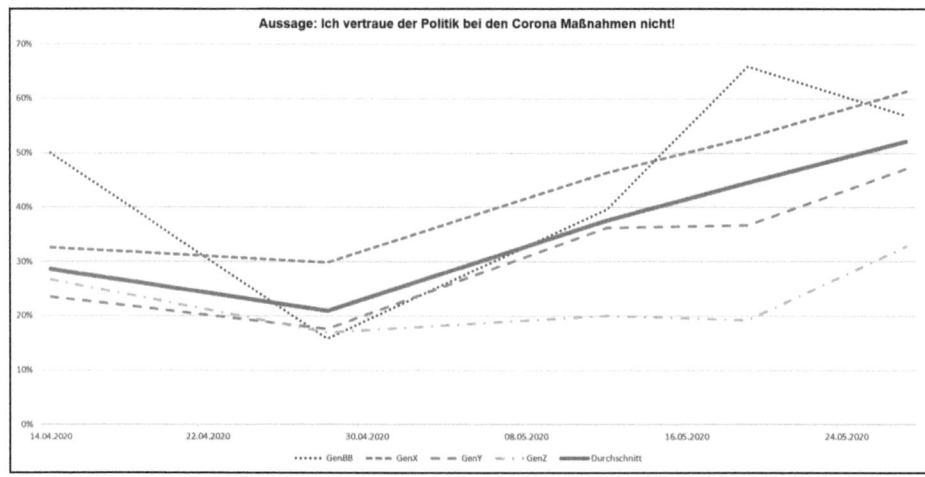

Institut für Generationenforschung. 19.03.2020, n = 2.875 | 14.04.2020, n = 1.848 | 28.04.2020, n = 2.514 | 12.05.2020, n = 3.578 | 19.05.2020, n = 2.903 | 27.05.2020, n = 3.350 | GenBB (Geburtsjahrgänge vor 1964); GenX (1965–1979); GenY (1980–1995); GenZ (1996–2010)

Anteil der Personen, die finden, dass die Politik mit der Corona-Krise gut umgeht

	14. April 2020	28. April 2020	12. Mai 2020	19. Mai 2020	27. Mai 2020
GenBB 56–88 Jahre	25,00 %	68,42 %	47,92 %	25,53 %	43,14 %
GenX 40–55 Jahre	41,86 %	54,39 %	41,82 %	38,68 %	38,69 %
GenY 26–39 Jahre	60,29 %	62,75 %	42,75 %	45,56 %	52,87 %
GenZ 16–25 Jahre	53,33 %	66,10 %	56,00 %	63,83 %	65,45 %
Durchschnitt	**51,19 %**	**61,83 %**	**45,09 %**	**42,76 %**	**47,58 %**

©Institut für Generationenforschung. 14.04.2020, n = 1.848 | 28.04.2020, n = 2.514 | 12.05.2020, n = 3.578 | 19.05.2020, n = 2.903 | 27.05.2020, n = 3.350 | GenBB (Geburtenjahrgänge vor 1964); GenX (1965–1979); GenY (1980–1995); GenZ (1996–2010)

Der grafische Verlauf der Personen, die den politischen Maßnahmen zustimmen, zeigt die Unterschiede zwischen den Generationen

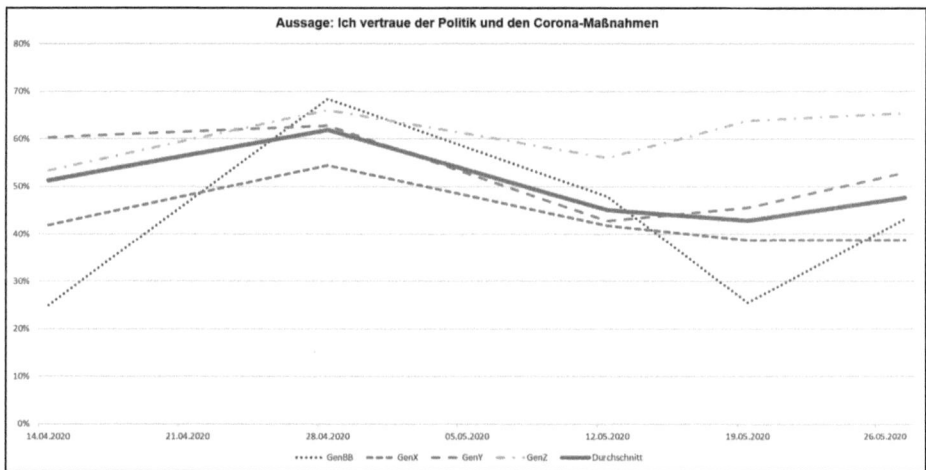

©Institut für Generationenforschung. 14.04.2020, n = 1.848 | 28.04.2020, n = 2.514 | 12.05.2020, n = 3.578 | 19.05.2020, n = 2.903 | 27.05.2020, n = 3.350 | GenBB (Geburtenjahrgänge vor 1964); GenX (1965–1979); GenY (1980–1995); GenZ (1996–2010)

Wie hoch schätzen Sie das vom Corona-Virus ausgehende Risiko ein?

Im Verlauf der Pandemie wurde die Angst vor dem Corona-Virus durch verschiedene Wissenschaftler*innen und Studien relativiert. Immer wieder kamen jedoch von wissenschaftlicher Seite Aussagen wie „Es ist altersunabhängig" oder „Das Virus ist harmlos", die zusätzliche Verwirrung stifteten.

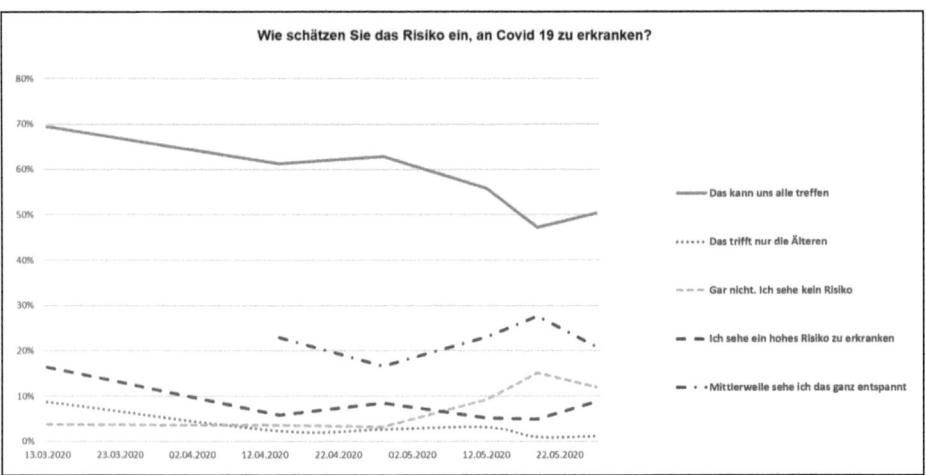

©Institut für Generationenforschung. 13.03.2020, n = 1.831 | 19.03.2020, n = 2.875 | 14.04.2020, n = 1.848 | 28.04.2020, n = 2.514 | 12.05.2020, n = 3.578 | 19.05.2020, n = 2.903 | 27.05.2020, n = 3.350 | GenBB (Geburtenjahrgänge vor 1964); GenX (1965–1979); GenY (1980–1995); GenZ (1996–2010

„Ich sehe kein Risiko bezüglich des Corona-Virus"

In der Woche vom 12.05.2020 bis 19.05.2020 stieg die Anzahl der Verschwörungsgläubigen an – und zugleich auch der Anteil der Personen, die kein Risiko bezüglich Corona wahrnehmen.

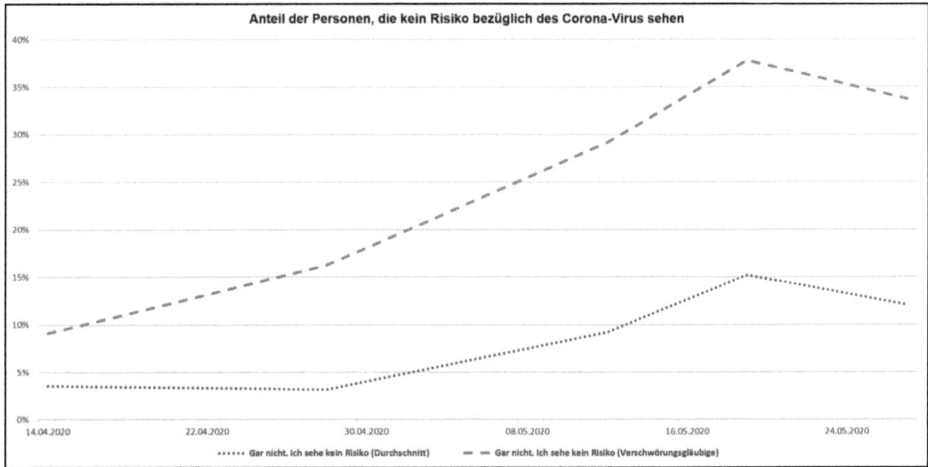

©Institut für Generationenforschung. 14.04.2020, n = 1.848 | 28.04.2020, n = 2.514 | 12.05.2020, n = 3.578 | 19.05.2020, n = 2.903 | 27.05.2020, n = 3.350 | GenBB (Geburtenjahrgänge vor 1964); GenX (1965–1979); GenY (1980–1995); GenZ (1996–2010)

Die Antwortmöglichkeiten „Ich sehe hinter der Corona-Krise einen versteckten Plan" und „Ich sehe kein Risiko und keine Gefahr ausgehend von Sars-CoV-2" weisen einen Korrelationskoeffizienten nach Pearson von r = .95 auf.

Wie oft informieren Sie sich über den aktuellen Corona-Stand?

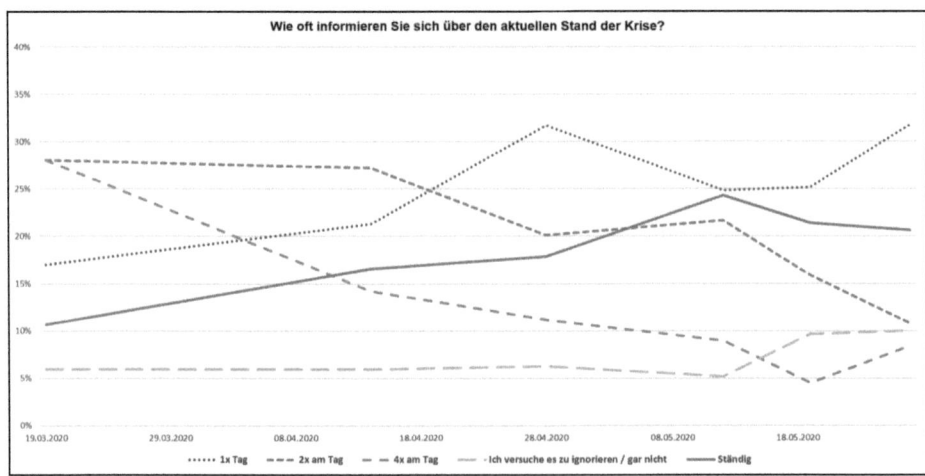

©Institut für Generationenforschung. 19.03.2020, n = 2.875 | 14.04.2020, n = 1.848 | 28.04.2020, n = 2.514 |
12.05.2020, n = 3.578 | 19.05.2020, n = 2.903 | GenBB (Geburtenjahrgänge vor 1964); GenX (1965–1979);
GenY (1980–1995); GenZ (1996–2010)

Häufigkeit der Corona-Information bei den verschiedenen Generationen

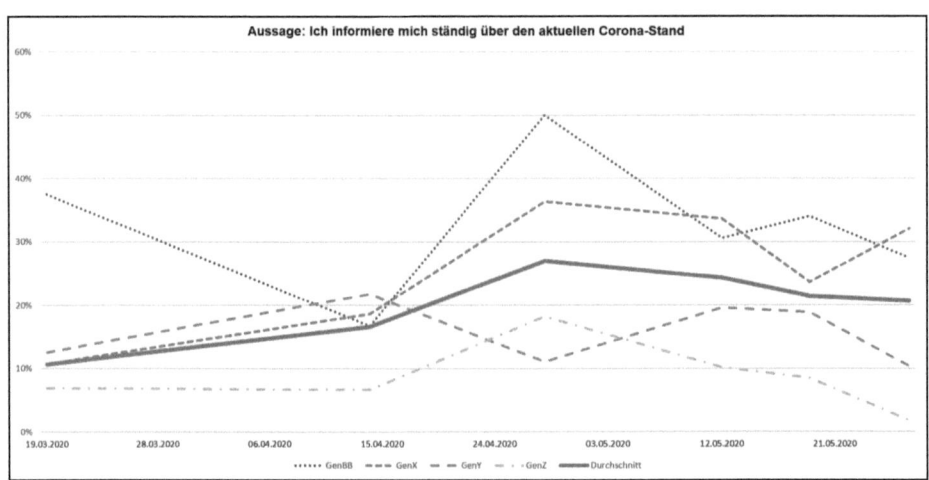

©Institut für Generationenforschung. 19.03.2020, n = 2.875 | 14.04.2020, n = 1.848 | 28.04.2020, n = 2.514 |
12.05.2020, n = 3.578 | 19.05.2020, n = 2.903 | 27.05.2020, n = 3.350 | GenBB (Geburtenjahrgänge vor 1964);
GenX (1965–1979); GenY (1980–1995); GenZ (1996–2010)

Anteil derer, die versuchen, die Corona-News zu ignorieren

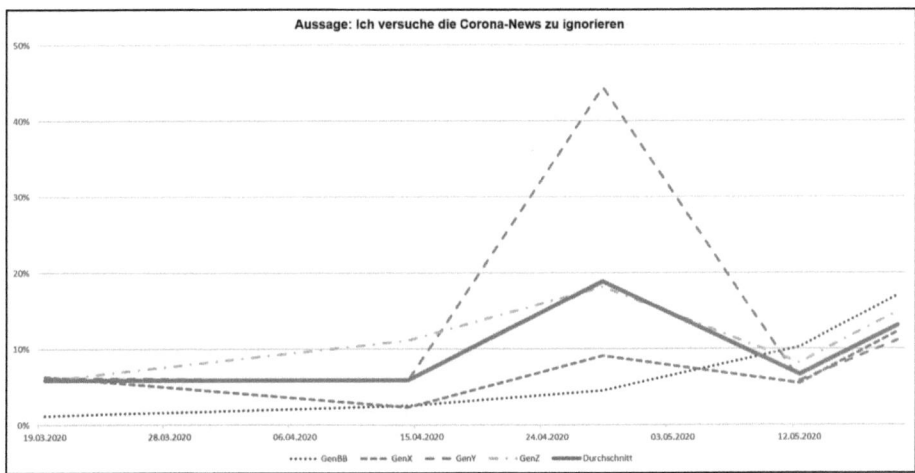

©Institut für Generationenforschung. 19.03.2020, n = 2.875 | 14.04.2020, n = 1.848 | 28.04.2020, n = 2.514 | 12.05.2020, n = 3.578 | 19.05.2020, n = 2.903 | GenBB (Geburtenjahrgänge vor 1964); GenX (1965–1979); GenY (1980–1995); GenZ (1996–2010

Im Verlauf der Pandemie ergaben sich große Generationenunterschiede bezogen auf den aktuellen Wissensstand der Corona-News. Dies führte wiederum zu unterschiedlichen Herangehensweisen im Umgang mit der Pandemie, aber auch mit den Verschwörungsmythen. Menschen, die sich ständig informiert haben, haben auch die Widersprüche oder Richtungswechsel mitbekommen, was bei einigen dazu führte, dass sie die offiziellen Informationen ab einem Zeitpunkt x hinterfragten.

Unterschiede in der Bevölkerung

Die Meinungen zwischen Verschwörungsgläubigen und anderen Menschen in diversen Bereichen wie Politik, Medizin und Wirtschaft gehen weit auseinander.

Verschwörungsgläubige im Vergleich

Denken Sie, die Grundrechte werden auch nach Corona noch eingeschränkt bleiben? Anteil der Personen, die „Ja" oder „Teilweise" geantwortet haben. (28.04.2020)

	Verschwörungsgläubige	Nicht-Verschwörungsgläubige
GenBB 56–88 Jahre	83,33 %	33,33 %
GenX 40–55 Jahre	90,91 %	51,72 %
GenY 26–39 Jahre	88,89 %	50,82 %
GenZ 16–25 Jahre	72,73 %	42,50 %
Durchschnitt	**83,78 %**	**47,79 %**

©Institut für Generationenforschung. 28.04.2020, n = 2.514 | GenBB (Geburtenjahrgänge vor 1964); GenX (1965–1979); GenY (1980–1995); GenZ (1996–2010)

Nahezu jeder, der an einen größeren Plan hinter Corona glaubt, ist auch davon überzeugt, dass unsere Grundrechte auch über die Krise hinaus noch eingeschränkt bleiben werden.

Würden Sie sich gegen COVID-19 impfen lassen? (19.05.2020)

	Verschwörungsgläubige		Nicht-Verschwörungsgläubige	
	Ja	Nein	Ja	Nein
GenBB 56–88 Jahre	5,00 %	95,00 %	51,85 %	48,15 %
GenX 40–55 Jahre	2,70 %	97,30 %	65,22 %	34,78 %
GenY 26–39 Jahre	13,33 %	86,67 %	63,33 %	36,67 %
GenZ 16–25 Jahre	33,33 %	66,67 %	79,55 %	20,45 %
Durchschnitt	**7,78 %**	**92,22 %**	**66,00 %**	**34,00 %**

©Institut für Generationenforschung. 19.05.2020, n = 2.903 | GenBB (Geburtenjahrgänge vor 1964); GenX (1965–1979); GenY (1980–1995); GenZ (1996–2010)

Wie sehr vertrauen Sie der Politik, dass sie die richtigen Maßnahmen trifft?

	Misstrauen Verschwörungsgläubige	Misstrauen Nicht-Verschwörungsgläubige
14. April 2020	66,67 %	28,57 %
28. April 2020	59,46 %	20,97 %
12. Mai 2020	86,11 %	37,57 %
19. Mai 2020	92,22 %	44,48 %
27. Mai 2020	84,62 %	52,12 %

Institut für Generationenforschung. 14.04.2020, n = 1.848 | 28.04.2020, n = 2.514 | 12.05.2020, n = 3.578 | 19.05.2020, n = 2.903 | 27.05.2020, n = 3.350 | GenBB (Geburtenjahrgänge vor 1964); GenX (1965–1979); GenY (1980–1995); GenZ (1996–2010)

Wer, denken Sie, profitiert am meisten von der Corona-Krise? (28.04.2020)

	Verschwörungsgläubige	Nicht-Verschwörungsgläubige
Bill Gates (Gründer von Microsoft)	28,57 %	3,83 %
Christian Drosten (Virologe)	11,43 %	6,01 %
Donald Trump (US-Präsident)	5,71 %	2,19 %
Jeff Bezos (Gründer von amazon)	20,00 %	37,16 %
Sonstige	11,43 %	7,10 %
Umwelt	22,86 %	43,72 %

©Institut für Generationenforschung 28.04.2020, n = 2.514 | | GenBB (Geburtenjahrgänge vor 1964); GenX (1965–1979); GenY (1980–1995); GenZ (1996–2010)0)